世界货币史丛书（第三辑）　石俊志◎主编

钱币的起源

石俊志
著

法律出版社
LAW PRESS · CHINA
北京

图书在版编目(CIP)数据

钱币的起源 / 石俊志著. -- 北京 : 法律出版社,
2021(2023.7 重印)
ISBN 978-7-5197-6079-3

Ⅰ. ①钱… Ⅱ. ①石… Ⅲ. ①货币史-世界 Ⅳ.
①F821.9

中国版本图书馆 CIP 数据核字(2021)第 212556 号

钱币的起源
QIANBI DE QIYUAN

石俊志 著

策划编辑 似 玉 李 军
责任编辑 似 玉 李 军
装帧设计 李 瞻

出版发行 法律出版社
编辑统筹 法律应用出版分社
责任校对 杨锦华 王沁陶
责任印制 刘晓伟
经 销 新华书店

开本 850 毫米×1168 毫米 1/32
印张 7.75 字数 159 千
版本 2021 年 11 月第 1 版
印次 2023 年 7 月第 2 次印刷
印刷 北京虎彩文化传播有限公司

地址:北京市丰台区莲花池西里 7 号(100073)
网址:www.lawpress.com.cn
投稿邮箱:info@lawpress.com.cn
举报盗版邮箱:jbwq@lawpress.com.cn
销售电话:010-83938349
客服电话:010-83938350
咨询电话:010-63939796

书号:ISBN 978-7-5197-6079-3 定价:58.00 元
凡购买本社图书,如有印装错误,我社负责退换。电话:010-83938349

总 序

理论来源于实践。

货币学理论来源于已经发生的千千万万的货币活动实践。而这些货币活动实践被记载在历史文献中，又被出土的相关文物所证实。

从浩瀚的历史信息中寻找货币起源、发展、演变的普遍性规律，从而产生了货币理论。

货币理论不能依赖一个国家、一个时期的货币实践，而是应该从更为广阔的视角来寻找，来分析，来总结。采用全时空的视角，横向全世界，纵向几千年，对货币的发展过程进行全方位的观察和研究，才能发现其普遍性规律，得出科学准确的结论。

关于货币的这种广视角、全方位的研究学科，便是世界货币史。

为了推动世界货币史学科的发展，获得世界各国货币起源、发展、演变的相关知识，我们邀请了一批国内金融学、法学、历史学和外国语的专家学者，经过认真广泛的调查收集，筛选了一批外国货币史著作，翻译成中文，汇编成《外国货币史译丛》出版，介绍给国内读者。

基于《外国货币史译丛》中的史料知识，通过对世界各国货币史的研究，结合出土世界各国古代货币实物，以及世界各国货币发展、演变的历史背景，我们针对一些古代国家的货币史以及世界货币史的一些专题，开始撰写一批专著，以《世界货币史丛书》的名目陆续出版。

我们相信，这套《世界货币史丛书》的出版，对于我国货币理论研究，以及我国关于世界各国历史、政治、经济和文化的研究，具有一定的参考价值。

石俊志

2022 年 10 月 28 日

前言

钱币是货币的一个种类。

货币的最初形态是称量货币，主要有粮食称量货币、布帛称量货币和金属称量货币。金属称量货币经历了一千多年的发展，演化为金属数量货币——钱币。

最早的称量货币起源于亚洲西端的两河流域，体现为大麦称量货币和白银称量货币；此后，中国的黄河流域也产生了称量货币，体现为布帛称量货币和青铜称量货币。亚述野蛮民族的入侵，使两河流域的文明发展遭到阻断，而中国黄河流域的文明发展，却以超越全球的速度，迅速崛起。

公元前9世纪末期，在黄河中游的晋国，以“寽”为重量单位的青铜称量货币被转化为铲形农具形状的金属数量货币——钱币，人类最早的钱币由此诞生。

钱币是中国古代人民的一个伟大的发明。钱币的出现，有效地促进了商品的生产和交换，为人类进步与繁荣提供了有力的支持。从此，一千多年世界范围的称量货币时代宣告结束。然而，称量货币并没有因此退出流通领域，而是与钱币并行，共同行使货币职能。

公元前7世纪中期，两河流域北方小亚细亚半岛上的吕底亚王国，创造出西方世界最早的钱币——琥珀合金币。当时，吕底亚王国攻占了古希腊在小亚细亚半岛上殖民建立的全部城邦。琥珀合金币出现之后，吕底亚王国控制的古希腊各城邦开始打制钱币，并将钱币打制技术和钱币流通制度传入古希腊在地中海东部岛屿上的各城邦，以及希腊半岛上的各城邦。

与此同时，吕底亚王国与波斯帝国之间发生了争霸战争。波斯帝国吞并了吕底亚王国，继承了吕底亚王国的钱币流通制度，并将钱币流通制度带到伊朗高原，此后又传播到印度河流域。

然而，古印度的钱币并不是源于波斯人带来的吕底亚钱币，而是源于本土称量货币的发展演变。古印度有着本土的称量单位——苏瓦纳和萨塔马纳，以及苏瓦纳和萨塔马纳重量标准的称量货币。但是，由于缺乏古印度的有关历史文献，我们无法了解古印度称量货币时代社会的详细情况。根据出土文物的证据，公元前 6 世纪，古印度出现了以苏瓦纳重量标准为基础的钱币——卡夏帕那，以及以萨塔马纳重量标准为基础的钱币——萨塔马纳。此外，古印度的早期钱币，不同于中国的钱币和吕底亚的钱币，而是一种具有古印度独特风格的钱币，其形状不是圆形，而是一种四边不规则的方形，正面的纹饰是各种符号印记，譬如太阳符、六臂符、三角、圆圈、弓箭、树枝等。

到了公元前 3 世纪，当罗马共和国逐步吞噬了古希腊诸城邦的时候，以罗马本土的称量货币单位——阿斯重量标准为基础的罗马钱币诞生了。公元前 1 世纪末期，罗马共和国转为罗马帝国，随着罗马军团走向世界的征战步伐，罗马的版图达到空前的规模，罗马钱币的流通地域日益广阔，并对后世世界各国货币制度的发展，产生了极其深远的影响。

目　录

第三节 出土的吕底亚王国钱币

第四节 钱币制度传入伊朗高原

第四章 古希腊的德拉克马钱币

第一节 古希腊德拉克马重量标准

第二节 钱币传入古希腊克里特岛

第二节 青铜称量货币单位阿斯

第三节 青铜称量货币与外来钱币并行

第四节 阿斯青铜铸币的诞生

附 录

第一章
钱币的基本概念

货币可以分为两种：一种是称量货币，另一种是数量货币。金属制造的数量货币被称为“钱币”。

货币的产生，基于私有制的形成。私有制条件下，出现了商品交换；商品交换的发展，导致了称量货币的产生。称量货币主要有布帛、粮食和金属。其中，金属称量货币经历了一千多年的发展，演化为金属数量货币——钱币。

第一节　钱币是货币的一个种类

钱币是货币的一个种类。进一步说，钱币在货币中，属于数量货币的一个类型，是金属制造的数量货币。

钱币诞生之后，便成为市场上的主要货币。然而，各种称量货币并没有因此完全退出流通，而是与钱币并行，继续执行货币职能。

一、货币的本质和职能

货币的本质是商品交换媒介。如果一种物品，不被人们用来作为商品交换媒介，无论它的质材有多么贵重，都不是货币。在货币发展演化的历史上，一般等价物商品转化为称量货币，除了需要有法定统一的称量标准，还必须具备两种职能：一是价值尺度职能；二是流通手段职能。

货币的价值尺度职能，指的是货币必须具有计量各种商品价值的能力。如果一种商品，没有计量各种商品价值的能力，它就不是货币。

货币的流通手段职能，指的是货币必须能够成为商品交换的媒介，人们在买卖商品时，采用货币作为买卖工具。货币在商品流通的过程中，作为一般等价物交易手段，能够得到人们的普遍接受。在现代社会中，货币作为流通手段，除了发行者的信用，还需要有法律的支持。

当然，货币还有一些其他职能——支付手段、储藏手段和世界货币的职能。支付手段是货币流通手段在时间上的延伸。储藏手段是货币购买能力保持基本稳定的条件下，人们对于财富种类的一种选择。世界货币的采用，则应落实在基于具有价值和使用价值的、人们普遍认可的某种特殊商品或一系列特殊商品的价值组合之上，不应落实在某个超级大国的政府信用之上。

二、从称量货币到数量货币

人类最早的称量货币是两河流域苏美尔人的白银称量货币和大麦称量货币。经历了一千多年的传播、发展和演变，公元前 7 世纪在小亚细亚半岛的吕底亚王国产生出金属数量货币——琥珀合金币。

人类最早的金属数量货币并不是吕底亚王国的琥珀合金币，而是黄河流域古代中国出现的空首布。早在公元前 16 世纪的商朝，中国已经有了青铜称量货币和布帛称量货币，经历了大约 800 年的发展，公元前 9 世纪初的西周晚期，在晋国产生出人类最早的金属数量货币——空首布。

从称量货币到数量货币的发展演变，中国快于西方国家。用法国学者让·里瓦尔的话说：

> 中国人只是在较晚的时候才发现冶金术。可是他们，如果敢这样说的话，两口并一口，狼吞虎咽。早在公元前 11 世纪，他们用铜币代替贝壳作为支付手段。铜币的外形奇特，一面平扁，一面凸起，上面刻有文字。这些铜币名称

生动有趣，或称“蚁鼻”，或称“犬首”。[1]

里瓦尔的观点是：中国冶金生产起步晚于西方国家。但是，中国人两口并一口，狼吞虎咽，起步虽晚，到达挺早。人类最早的钱币是中国楚国的铜贝，产生于公元前 11 世纪。

里瓦尔考证中国最早钱币产生的时间有误。根据对出土文物的考证，并没有发现公元前 11 世纪楚国的铜贝。楚国大量制造和使用铜贝替代海贝作为货币，发生在公元前 7 世纪，楚国夺取周天子的铜绿山之后。目前出土中国最早的钱币是晋国的空首布，生产时间在西周晚期（公元前 862 年至公元前 771 年），考订为公元前 9 世纪末。

中国人完成称量货币向数量货币转变过程的时候，西方国家仍处于称量货币时期。在这个转变过程中，中国人不仅速度快，而且还产生出一个过渡形态——原始数量货币。从称量货币转为数量货币，是否必须经过原始数量货币？这是一个迄今尚未解决的问题。在中国古代各民族的货币史中，似乎每个民族都曾有过使用原始数量货币的过程。中国古代的青铜数量货币，都是由原始数量货币转化而来。譬如，中原晋国的原始数量货币是铲形农具——“钱”；北方白狄游牧民族鲜虞国的原始数量货币是生活用具——“削”；南蛮楚国的原始数量货币是随身佩饰——“贝”。西戎秦国的原始数量货币是馈赠礼品“璧”。当这些东西失去了生产工具、生活用品的使用功能，专用于货币职能的时候，它们的原始数量货币性质就改变为真正意义上的数量货币。

---

〔1〕［法］让·里瓦尔：《货币史》，任婉筠、任驰译，商务印书馆 2001 年版，第 5 页。

古埃及也出现了同样的情况，白银称量货币的发展，产生了原始数量货币银环。这是一种白银制造的戒指，在商品交换中作为价值尺度和流通手段发挥货币职能。但是，古埃及的原始数量货币并没有能够转变为数量货币，原因是波斯帝国的入侵，打断了古埃及货币发展的进程。波斯帝国将希腊化钱币带入埃及，使埃及的白银称量货币以及原始数量货币——银环，直接转换为外族统治者带来的希腊化钱币——德拉克马。

吕底亚王国货币发展过程则有不同，他们从两河流域学习到称量货币的使用，然后他们在白银称量货币上加盖印记。在此基础上，公元前 7 世纪产生了琥珀合金币。

> 至于安纳托利亚[1]呢？情况完全不同。公元前 1530 年左右，赫梯人横扫巴比伦，发现了美索不达米亚[2]的计算货币。[3]赫梯人大受启发，回到本国后，动手开采他们的矿藏。他们并没有仅仅满足使用银希克勒（sicle，1 希克勒相当于 8.41 克白银）[4]……而且直接使用白银来支付大款额的生意。为了便利交易，他们在银锭上盖有印记，清楚地标明了银锭的重量和成色。[5]

公元前 12 世纪，吕底亚王国从赫梯王国中独立出来，自然拥

〔1〕 安纳托利亚：即小亚细亚半岛，或称安纳托利亚高原。
〔2〕 美索不达米亚：希腊语："两河之间的地区"，即指两河流域。
〔3〕 计算货币：意指"称量货币"。
〔4〕 希克勒（Sicle）：即"舍客勒"
〔5〕 ［法］让·里瓦尔：《货币史》，任婉筠、任驰译，商务印书馆 2001 年版，第 5～6 页。

有白银称量货币。

里瓦尔认为，吕底亚王国最早制造的钱币并不是琥珀合金币，而是盖有印记的白银货币。

公元前12世纪，吕底亚王国从赫梯王国中独立出来，自然继承了赫梯王国的白银称量货币。吕底亚王国发明的钱币，应该是白银称量货币货值黄金称量货币长期发展、演变的结果。

三、钱币是金属制造的数量货币

钱币是金属制造的数量货币。制造数量货币使用的金属，早期主要有青铜、白银、黄金、金银合金，后来才出现了铁和较少的铅、镍或各种组合的合金。

古代两河流域的称量货币是大麦和白银；古代中国的称量货币是布帛和青铜。经历了一千多年的发展，两河流域的白银称量货币在小亚细亚半岛产生了金属数量货币——琥珀合金币；中国的青铜称量货币在黄河中游的晋国产生了金属数量货币——空首布。[1]

多数学者认为，公元前640年小亚细亚半岛上的吕底亚王国创造的琥珀合金币是人类历史上最早的钱币。这种钱币的币材来自吕底亚王国国都萨迪斯河中的金银合金矿砂。琥珀合金币的金属成分是三金一银。到了吕底亚王国的末代国王克洛伊索斯执政时期（公元前560年至公元前546年），吕底亚王国又出现纯金币和纯银币。吕底亚王国能够生产纯金币和纯银币，原

〔1〕 空首布：中国古代铲形青铜铸币被称为“布币”，空首布是首部有孔的布币。

因是他们掌握了金银分离术，能够从琥珀合金中提炼出黄金和白银。

其实，没有金银分离术，吕底亚王国也是有能力打制纯金币和纯银币的。因为，在公元前6世纪，吕底亚王国应该有着充足的黄金储备和白银储备。

早在公元前1500年，小亚细亚半岛上的赫梯王国就已经有白银称量货币流通。这一点，有出土的《赫梯法典》为证。在《赫梯法典》第一表和第二表的共200个条文中，有167处讲到白银称量货币。发展近一千年之后，小亚细亚半岛成为世界上最富有的地区，岛上的黄金和白银的数量，应该比过去更为丰富。

小亚细亚半岛上最早的钱币是使用琥珀合金打制的，很快又有了纯金币和纯银币。后来，吕底亚王国的钱币制造技术和钱币流通制度从小亚细亚半岛上的古希腊诸城邦跨海传入古希腊本土上的诸城邦，在古希腊诸城邦中先是出现了单位为德拉克马的银币，继而又出现了单位为查柯的铜币。

古代中国的金属数量货币，自开始就采用了青铜金属，并采用浇铸的方式制造成为钱币，没有铸造金币和银币。

四、钱币与称量货币并行

称量货币的长期发展，产生出数量货币——钱币。钱币作为商品交换媒介，远比称量货币更为方便、可靠。

然而，人类发明了钱币之后，称量货币并没有因此消失，而是与钱币并行，继续承担货币职能。这一情形，在中国的秦朝和唐朝比较明显。

司马迁说：

> 及至秦，中一国之币为(三){二}等，黄金以镒名，为上币；铜钱识曰半两，重如其文，为下币。而珠玉、龟贝、银锡之属为器饰宝藏，不为币。[1]

到了秦朝，把全国的货币统一为三等，黄金以“溢”为单位，称为上币；铜钱铭文“半两”，重量与铭文相符合，称为下币。至于珠玉、龟贝、银锡类物，仅作为饰物及财富贮藏，禁止其作为货币流通。

秦始皇统一货币，并不是将所有货币统一为铜钱，而是将其他诸侯国家的货币废除，只留下秦国的三种类型货币：一是黄金，是称量货币，交易时需要称量，称量单位是“溢”；二是布，是原始数量货币，可以用作货币，也可以用作衣料，交易时不需要称量，货币单位是“布”，标准形制为“布袤八尺，福广二尺五寸”；[2]三是铜钱，铭文“半两”，是数量货币，交易时不需要称量，货币单位是“枚”。

秦朝的半两钱，是中国古代第一种全国统一流通的铜钱，被后人称为“秦半两”。秦半两流通时期，法律规定有三种货币并行流通：称量货币“黄金”、原始数量货币“布”和数量货币“秦半两”。

到了唐朝，数量货币——铜钱与称量货币——布帛并行流通。

---

〔1〕 (西汉)司马迁:《史记》卷三〇《平准书》，中华书局1959年版，第1442页。

〔2〕 睡虎地秦墓竹简整理小组:《睡虎地秦墓竹简》，文物出版社1978年版，第56页。

金银主要作为宝藏手段，而不是流通手段。

《唐六典》云：

金银之属谓之宝，钱帛之属谓之货。[1]

黄金和白银这类东西是宝藏手段，铜钱和布帛这类东西是流通手段。

唐朝的黄金和白银作为财富宝藏，形制多种多样，有“铤”、“饼”、散碎金银和金银器皿、饰物等，用于宝藏、赏赐和大额支付。唐朝的铜钱和布帛作为商品交换媒介，铜钱是数量货币，铭文“开元通宝”，单位是“枚”；布帛是依靠币材价值行使货币职能的称量货币，称量单位为“尺”“寸”。为了方便交易，唐朝的布帛货币有法定的各种质的标准和量的标准，“出有方土，类有粗精，绢分八等，布分九等”。

唐朝的铜钱数量货币与布帛称量货币并行流通，一起发挥价值尺度和流通手段的货币职能。

第二节　钱币名称的由来

中文“钱”名称源于中国古代的一种铲形农具。中文“货币”名称指的是布帛可衣之物。“币”在《说文解字》中指的是丝绸，其前身应该是作为礼品的“玉”和“帛”。

[1] 《唐六典》卷二〇《太府寺》，中华书局1992年版，第540页。

英文“money”名称类似于中文的“钱”，指的是金属制造的货币。据说罗马人在女神莫尼塔（moneta）神殿中造币，所以将造出的钱币称为“money”。此外，由于欧洲人早期的游牧生产方式，采用牲畜作为商品交换媒介，所以更多国家钱币名词源于“牲畜”。

一、中文“钱”名称的由来

称量货币经历了长期的发展演化，产生出数量货币——钱币。在数量货币产生之前，往往会出现作为过渡形态的原始数量货币。因此，钱币名称经常会继承使用原始数量货币的名称。

原始数量货币与数量货币的区别在于：原始数量货币具有货币之外的用途，而数量货币则专用于行使货币职能。

中文钱币名称，便是源于中国古代最早出现的青铜布币的前身——作为原始数量货币的青铜农具“钱”。

“钱”是一种青铜铸造的铲形农具。“钱”在商品交换中作为一般等价物的特殊商品，充当交换媒介，便具备了原始数量货币的性质。

“钱”就是“铫”〔1〕，即锹，属于铲形农业生产工具。《说文解字》云：

> 钱：铫也。古田器。译文：钱：锹。古代种田的农具。〔2〕

---

〔1〕 铫：音瑶（yao），古代的一种铲形农具。
〔2〕 汤可敬：《说文解字今释》，岳麓书社1997年版，第2021页。

《诗经·周颂·臣工》云：

命我众人，庤乃钱镈，奄观铚艾。[1]

命令众农夫，准备好铁锹和锄头，周王要来观看你们收割粮食。

“钱”由青铜制造，安装上木柄用作农具，拆下木柄用作原始数量货币，充当商品交换媒介，以其青铜称量价值作为价值尺度和流通手段的货币职能。

从货币发展过程看，作为一般等价物的特殊商品转变为称量货币；称量货币转变为原始数量货币；原始数量货币转变为数量货币，从而完成货币起源的全部过程。其中，原始数量货币是具有生产、生活实际用途的数量货币，既可以用作生产、生活的实用物品，又可以用作商品交换的媒介，交易使用时不需要称量，按照个数进行支付。在中国古代，这种原始数量货币主要有作为农业生产工具的“钱”、作为日常生活用具的“削”、作为随身佩饰的“贝”和作为礼品流转馈赠的“璧”。

中国古代的原始数量货币转变为真正意义上的数量货币时，“钱”转变为“空首布”；“削”转变为“刀币”；“贝”转变为“铜贝”；“璧”转变为“圜钱”。

由于最早出现的是数量货币是空首布，源于原始数量货币——农具“钱”，并被称为“铜钱”，所以其他民族后来生产的“刀币”“铜贝”“圜钱”等，也被纳入铜钱之属，统称为铜钱。

---

〔1〕 韩路主编：《四书五经：诗经·周颂·臣工》，沈阳出版社 1996 年版，第 1252 ~ 1253 页。

二、中文"货"和"币"名称的由来

中文"货"名称主要是指可以作为衣服的东西。班固说：

洪范八政，一曰食，二曰货。食谓农殖嘉谷可食之物，货谓布帛可衣，及金刀龟贝，所以分财布利通有无者也。[1]

《尚书·洪范》论述先王治理国家的八项政务。第一是食品，第二是货币。食品指的是农业种植粮食等可以吃的东西，货币指的是可以作为衣服的麻织的布和丝织的帛，还有青铜刀币、龟壳贝壳，那些用于商品交换、互通有无、分配利益的东西。

中文"币"名称主要是指作为礼品使用的"玉"和"帛"。

《说文解字》云：

幣：帛也。

徐灏《段注笺》："幣，本缯帛之名。因车马玉帛同为聘享之礼，故浑言之称幣，引申之，货帛亦称幣。"[2]

由此可见，中国货币源于布帛，欧洲货币源于牲畜。其原因是，当中国出现文字时，生产方式以农耕为主，用于商品交换的媒介主要是布帛；欧洲出现文字时，生产方式以游牧为主，用于商品交换的媒介主要是牲畜。所以，中国货币名称源于布帛可衣之物；欧洲货币名称源于牲畜可食之物。

---

〔1〕（东汉）班固：《汉书》卷二四上《食货志》，中华书局 1962 年版，第 1117 页。
〔2〕汤可敬：《说文解字今释》，岳麓书社 1997 年版，第 1047 页。

三、英国学者讲述钱币名称的由来

英国银行家学会首任理事长洛德·埃夫伯里在一百多年前写了一本书，名叫《世界钱币简史》。他对英文名词“money”，有如下讲述：

> 实际上“钱”（money）这个词，最初含有硬币之意。其来源据说是这样的：早期罗马硬币在朱诺·莫尼塔[1]的神殿内或其附近铸造。据西塞罗[2]说，朱诺（juno）由动词moneo取得这个名称，因为他劝告罗马人给大神母献祀一头猪以防止地震。[3]

对于罗马人来说，早期钱币是在莫尼塔（moneta）神殿中制造的，所以称为莫尼塔，转为英文便是“money”。

根据洛德的讲论，货币名称的由来，与古代货币形态的发展有关。首先，他讲到古欧洲使用牲畜作为交换媒介的事情。

> 在古欧洲，牲畜通常为交换的媒介物，拉丁语pecunia（钱，来自pecus牲畜）即来源于此。在我们自己的语言里“牲畜”（cattle）即“动产”（chattel），它的意思包含一切财产。波斯祆教的经典中说，人们也用同样的方法计算支付医生的酬金，但很少有人意识到，我们付给医生诊

〔1〕 朱诺·莫尼塔（juno moneta）：罗马女神，丘比特之妻。
〔2〕 西塞罗（cicero，公元前106年至公元前43年）：罗马政治家、演说家和作家。
〔3〕 ［英］洛德·埃夫伯里：《世界钱币简史》，刘森译，中国金融出版社1991年版，第9页。

费(fee),亦同样如此计算。因为"fee"这个词来自古语"vieh",此词在德语中至今仍含有牲畜之意。[1]

洛德在这里讲的是"货币",即商品交换媒介。在古欧洲,商品交换媒介是牲畜,所以货币这个词,来自词汇"牲畜",并衍生出"动产"这个词。此外,波斯语和德语中,医生诊费这个词,也含有牲畜的意思。这说明,在古代,支付医生诊费是要支付牛、羊、鸡、鸭等牲畜的。

洛德认为,《圣经》里面写到的"钱",指的是"银"。

然而,据我们翻译的《旧约》本中的几节,我们可能会把使用铸币的时间追溯得太远了。在我们的译本《创世纪》第17章中,亚伯拉罕得到的命令中有"他生下来八天将行割礼……他出生在那间屋子里,听由任何陌生人用钱买"之文。这里译作"钱"的这个词,在原文中是keseph;在希腊文《旧约》中,它被正确地译为"άργρνον";在拉丁文《圣经》中,它是argentun(银)。实际上,它应译作"银",而不能译成"钱"。[2]

洛德继续讲述,这种银并不是按照数量交易的"数量货币",而是按照重量交易的"称量货币"。

---

〔1〕[英]洛德·埃夫伯里:《世界钱币简史》,刘森译,中国金融出版社1991年版,第2页。

〔2〕[英]洛德·埃夫伯里:《世界钱币简史》,刘森译,中国金融出版社1991年版,第8页。

> 我们知道《创世纪》第二十章十六节有“他对萨拉(亚伯拉罕之妻)说“看呀,我给了你兄弟一千块银子”的记载。该书第三十七章二十八节重复了同样的描述。这里,“块”(pieces)这个词好像是指货币,但它大概仅表示一定重量的银块。在二十三章的记载中,可看到同样的论述。亚伯拉罕购买马琦彼拉穴作萨拉的坟地,他“称了当时商人们所使用的流通货币四百西克尔银给衣弗朗”。在这段叙述中看到的“货币”这个词是斜体字,意指其不是原著中的原词。显然,银是按照重量使用的。像我们的磅一样,“西克尔”这个词最初的意思是一个重量单位,后来,又与我们的磅一样用作铸币名称。[1]

亚伯拉罕时期在公元前22世纪至公元前20世纪。当时的两河流通已经有成熟的白银称量货币流通,称量单位为“舍客勒”(《世界钱币简史》中译为“西克尔”)。这一点,在出土的《乌尔纳姆法典》中,可以找到文字证据。

西方世界最早的钱币出现在公元前7世纪。洛德讲到吕底亚王国的椭圆形钱的名称——斯塔特(Stater):

> 它们由金、银混合的琥珀金铸成,大约铸造于公元前7世纪吉易斯[2]统治时期。

〔1〕[英]洛德·埃夫伯里:《世界钱币简史》,刘森译,中国金融出版社1991年版,第8~9页。

〔2〕吉易斯:又译为“巨吉斯”。

它们叫“staters”，staters 一词来自希腊语，表示“标准”（standard）之义，法重约 167 格令[1]或 220 格令，这要根据使用的是巴比伦标准还是腓尼基标准而定。[2]

四、法国学者讲述钱币名称的由来

法国学者让·里瓦尔也认为钱币名称源于原始的商品交换媒介——牲畜。他著述《货币史》说：

有些民族习惯用“价值若干头牲口”来标明价格。这样一来，这个“若干头牲口”便在有货币之前含有计算货币的意义了。人们在记忆中对此尚有印象：印度的卢比一词来自梵文 rupa，此事绝非偶然巧合，我们的形容词 pécuniaire（金钱的）一词便带有拉丁文 pecus 的痕迹。当我们步埃斯库罗斯的后尘，说某某人“舌上带牛”，意思就是暗讽他被人收买保持沉默；这个暗喻是再明白不过的了。[3]

人类生产方式从渔猎、游牧走向农耕。因此，远古的商品价值量化工具是牲畜，这一点在欧洲是十分突出的。所以，无论是英国人，还是法国人，在讲述钱币名称时，都要讲到牲畜。

里瓦尔认为，货币起源于亚洲的两端：中国和安纳托利亚

[1] 格令：grain，重量单位，0.0648 克。

[2] ［英］洛德·埃夫伯里：《世界钱币简史》，刘森译，中国金融出版社 1991 年版，第 11～12 页。

[3] ［法］让·里瓦尔：《货币史》，任婉筠、任驰译，商务印书馆 2001 年版，第 1 页。

（又称小亚细亚半岛）：

> 直至公元前2000年末期，支付货币方始出现，恰好在亚洲的两端，即中国和安纳托利亚。[1]

里瓦尔认为，中国是最早发明钱币的国家，钱币起源于中国南部的楚国，时间在公元前11世纪，而安纳托利亚的吕底亚王国的琥珀合金币产生于公元前7世纪。

> 公元前687年至公元前650年间的吕底亚的国王吉热斯[2]被普遍认为是西方货币的发明者。[3]

这个吉热斯国王，又被译为“巨吉斯”，我们在下文中详细介绍。

第三节　钱币最初的重量标准

称量货币的发展，产生出金属数量货币——钱币。继承称量货币的价值计量方式，钱币最初的重量标准，一般都采用其前身称量货币的单位标准。

---

〔1〕［法］让·里瓦尔：《货币史》，任婉筠、任驰译，商务印书馆2001年版，第5页。

〔2〕吉热斯：又译为“巨吉斯”。

〔3〕［法］让·里瓦尔：《货币史》，任婉筠、任驰译，商务印书馆2001年版，第6页。

一、中国钱币最初的重量标准

中国中原地区青铜称量货币单位是“寽”，金属数量货币——钱币由称量货币的发展而产生，因此，中国钱币最初的重量标准便采用了称量货币单位——“寽”。

“寽”的重量是1/3益，由于晋国被魏、韩、赵三家分割，这里的“益”是指中原魏国的“益”，1益等于20两。战国时期的1斤是253克，1两是15.8125克；1益是316.25克。1/3益便是1寽，即105.42克。中国古代最早的钱币是中原晋国的空首布，重量为105.42克左右，生产时间在西周晚期，目前已经有一些出土。

中原晋国最早使用的空首布，源于原始数量货币——铲形农具“钱”。空首布作为数量货币，继承了原始数量货币“钱”的形状，还继承了前身称量货币的单位重量标准，即1枚空首布的重量为1寽。空首布诞生之后，逐步出现了较大幅度的减重。

北方白狄游牧民族鲜虞国使用的鲜虞刀，源于原始数量货币——“削”。鲜虞刀作为数量货币，继承了原始数量货币“削”的形状，还继承了前身称量货币的单位重量标准。鲜虞国没有被纳入华夏文化。公元前489年，在晋国大夫赵鞅的军事打击之下，鲜虞国灭亡了。截至目前，考古尚未发现鲜虞国称量制度的情况，只知道鲜虞刀的重量在11克至15克之间。鲜虞刀进入中原之后，与燕国和齐国的重量制度接轨，出现了燕国刀币和齐国刀币。在齐国，刀币采用了齐国称量货币单位“化”的重量标准。“化”的重量是1/8益，这里的“益”是齐国的“益”。根据出土铭文器皿实测的结果，齐国 1 益的重量为 369.65 克，1 化等于 1/8 益，即 46.21 克。齐国刀币诞生之后，逐步出现了较大幅度的减重。

南方楚国使用的铜贝，源于原始数量货币——随身佩饰的“海贝”或无文“铜贝”。铜贝作为数量货币，继承了原始数量货币“海贝”的形状，还继承了前身称量货币的单位重量标准，即 1 枚铜贝的重量为半两。1 两的重量是 15.8125 克，半两的重量就是 7.91 克，去掉制造成本和铸币税，楚国铜贝的最初重量在 7 克左右。楚国铜贝诞生之后，逐步出现了较大幅度的减重。

西戎秦国使用的圜钱，源于原始数量货币——随身佩饰“玉璧”。圜钱作为数量货币，继承了原始数量货币“玉璧”的形状，还继承了前身称量货币的单位重量标准，即 1 枚圜钱的重量为半两，即 7.91 克。去掉制造成本和铸币税，秦国圜钱的最初重量在 7 克左右，后世人们称为“秦半两”。秦半两诞生之后，逐步出现了较大幅度的减重。

二、吕底亚钱币最初的重量标准

西方人认为，人类最早的钱币是公元前 7 世纪吕底亚（lydia）王国发明的琥珀合金（electrum）币，成分为三金一银，重量标准为 14 克。到了国王克洛伊索斯统治时期，吕底亚人又制造了纯金币和纯银币，纯金币的重量标准为 8 克；纯银币的重量标准为 11 克。这些钱币都有出土实物证据。

从货币发展规律看，吕底亚王国的钱币，也是金属称量货币长期发展演变的结果。

吕底亚王国钱币最初的重量标准源于古代西亚最流行的称量货币单位“舍客勒”。

两河流域的苏美尔人建立了舍客勒重量单位，其重量标准为 8.33 克。公元前 16 世纪，小亚细亚（minor asia）半岛上的赫梯人攻入巴比伦城，消灭了古巴比伦第一王朝，继承了古巴比伦的白银称量货币制度。白银称量货币的使用，在出土的《赫梯法典》中可以找到相关信息。

公元前 12 世纪，吕底亚王国从赫梯王国中独立出来，成为世界上最富有的王国。此后，吕底亚王国开始使用白银称量货币和黄金称量货币，单位仍然是舍客勒。克洛伊索斯统治时期，吕底亚王国生产了纯金币，称为“斯塔特”，重量 8 克左右，正是 1 舍客勒的金币。1 舍客勒黄金重量 8.33 克，扣除制造成本和铸币税，1 舍客勒黄金制成金币“斯塔特”的重量应在 8 克左右。这一点，与小亚细亚半岛出土的斯塔特金币重量相符。

同时，吕底亚王国还制造了纯银币，也被称为“斯塔特”，重量 11 克左右。1 枚斯塔特金币兑换 10 枚斯塔特银币。当时的金银比价为 1:13.3，即 1 单位黄金可以兑换 13.3 单位白银。1 舍客勒黄金兑换白银的数额应该是 8.33 × 13.3=110.8 克，用 110.8 克白银制成 10 枚银币，每枚银币的重量为 11.08 克，扣除制造成本和铸币税，1 枚“斯塔特”银币的重量应在 11 克左右。这一点，与小亚细亚半岛出土的斯塔特银币重量相符。

关于琥珀合金币斯塔特的重量标准，应不是琥珀合金称量货币发展的结果。琥珀合金的出现，显然迟于黄金和白银的冶炼生产。琥珀合金是用小亚细亚半岛上的河流中的矿沙生产的。当钱币在吕底亚王国诞生时，人们在小亚细亚半岛的河流中的淘沙活动正盛。琥珀合金是一种美丽的金属，被人们制造成为钱币是一种机缘，其重量标准为什么会定在14克，仍然是一个需要研究探讨的问题。

三、古希腊钱币最初的重量标准

古希腊白银称量货币的单位是德拉克马，当称量货币的发展产生出钱币的时候，钱币的重量便采用了德拉克马重量标准。

古希腊钱币最初的重量标准“德拉克马”，是一把麦粒的重量。这把麦粒有多少，在古希腊各城邦之间是不一致的。所以，古希腊钱币最初的重量标准，在各城邦之间，也是不一致的。古希腊各城邦中，对后世影响较大的德拉克马重量标准至少有两个：一是雅典城邦的重量标准，被称为“阿提卡标准”；另一个是小亚细亚半岛希腊诸城邦的重量标准。

雅典城邦所在的阿提卡地区，德拉克马的重量标准为4.37克。这个重量标准对后世影响较大。雅典钱币采用的就是这个重量标准，流通地域甚广。所以，这个重量标准，并不限于阿提卡地区，也被一些阿提卡地区之外的希腊城邦所采用。

小亚细亚半岛的希腊诸城邦，一把麦粒是72颗，重量3.33克。小亚细亚半岛的重量制度源于两河流域的重量制度。两河流域的最小重量单位是“色”，重量0.0463克，即1颗麦粒的重量。小亚细亚半岛上的希腊诸城邦，1颗麦粒的重量也是0.0463克，72颗麦粒等于1德拉克马，即0.0463克 × 72=3.33克。这个重量标准，并不限于小亚细亚半岛上的希腊诸城邦，也被一些小亚细亚半岛之外的希腊城邦所采用，特别是被小亚细亚半岛邻近海岛上的希腊城邦所采用。

四、古印度钱币最初的重量标准

古印度钱币最初遵循两种重量标准：一是苏瓦纳（SUVARNA）重量标准；二是萨塔马纳（SATAMANA）重量标准。

苏瓦纳重量标准产生于哈拉巴文明时期（公元前2500年至公元前1750年）的印度河流域，重量13.705克，是128颗野甘草籽的重量。这种野甘草籽被称为“拉蒂”（RATTI），被视为最小的重量单位，平均重量0.107克。1/4苏瓦纳的重量，被称为达哈拉（DHARANA），重量3.426克，是32颗野甘草籽的重量。古印度钱币最初的重量标准，便是1达哈拉。重量1达哈拉的钱币，被称作“卡夏帕那”（KARSHAPANAS）。

1卡夏帕那等于4马夏（MASHA），或者等于16马夏卡（MASHAKA）。按照苏瓦纳重量标准体系制造的钱币，有1卡夏帕那、半卡夏帕那、若干马夏卡等种类。

萨塔马纳产生于吠陀时代（公元前1500年至公元前600年）的印度河流域，重量11克，等于100马纳（MANA），或者8沙那（SHANA）。按照萨塔马纳重量标准体系制造的钱币，有1萨塔马纳、半萨塔马纳、1/4萨塔马纳、1沙那等种类。

第四节　早期钱币的币文和图饰

当钱币在世界各地相继诞生的时候，钱币表面的币文或图饰十分简单。中国早期钱币的币文，多是地名或者钱币金属的重量；吕底亚早期钱币的币文，出现了制造商的名字；古希腊和古罗马早期钱币的币文，也多是地名。至于钱币上的图饰，中国古代钱币上没有图饰，直到晚清时期开始使用机制铜元或机制银元，才出现了机器冲压的图饰。西方国家早期钱币上的图饰多是动物，后来逐步转变为当地城邦的主神或百姓喜爱的神祇的图像。

一、中国早期钱币的币文

中国早期钱币的币文，难以辨识。以法国学者让·里瓦尔所提到的中国古代楚国蚁鼻钱为例，迄今出土蚁鼻钱上的文字多为“巽”“夅朱”“全”“君”“行”等，皆不知所云，学者有各种解释，迄今仍无定论。

战国早期，中原魏国的布币，币文有地名及币值。譬如，安邑半釿、安邑一釿、安邑二釿、音半釿、音阳一釿、音阳二釿、禾半釿、禾一釿、禾二釿、陕半釿、陕一釿、甫反半釿、甫反一釿、阴晋半釿、阴晋一釿、高半釿、高奴一釿、京一釿、繁一釿、端氏半釿、端氏一釿、共半釿、卢氏半釿、垣半釿等。

币文中，前面是地名，如“端氏”（今山西沁水县东北），旧读“寻氏”“玄氏”“绥氏”。币文中，后面是钱币的价值，如“半釿”“一釿”“二釿”。“釿”原本是重量单位，等于四分之一“寽”，理论重量26.36克。战国早期魏国的布币，虽然以“釿”为单位，但其重量只有大约十几克，已经远不足“釿”的理论重量。并且，根据实测结果，“半釿”、“一釿”和“二釿”三种价值的钱币之间，并不符合0.5∶1∶2的比例关系。

后来，布币币文只刻铭地名，不刻铭价值。其他各种钱币的币文更是五花八门、种类繁多。春秋战国时期，各诸侯国语言文字不同，见到各国钱币上的文字，才明白秦始皇统一文字“书同文”，是个怎样巨大的变革。

秦始皇统一中国时，废除各种钱币，将钱币统一为秦国的“半两”，即币文为“半两”的铜钱。汉武帝废黜“半两”，铸行“五铢”。“半两”和“五铢”都是圆形方孔的铜钱，币文只有二字：“半两”或“五铢”。“半两”和“五铢”属于纪重钱币，币文表示钱币重量，但多数出土“半两”或“五铢”的实际重量低于币文重量。“半两”和“五铢”币文简洁，可以跨越不同朝代流通，便利了商品的生产和交换。自公元前336年秦惠文王始铸“半两”，至公元621年唐高祖始铸“开元通宝”，“半两”和“五铢”总计流通时间为957年。

唐高祖始铸“开元通宝”之后，经历唐宋元明清各朝，币文大体保持四字，一般是朝廷年号两字，加上“通宝”、“重宝”或“元宝”两字，放置在方孔的上下右左四边，或上右下左四边。

币1：半两，右左。

币 2：五铢，右左。

币 3：开元通宝，上下右左。

币 4：宣统通宝，上下右左。

二、西方国家早期钱币的币文

1. 吕底亚早期钱币的币文

吕底亚早期钱币的币文是发行者的名字。

西方世界最早的钱币是小亚细亚半岛上的吕底亚王国的琥珀合金币。小亚细亚半岛上有许多希腊城邦。这是公元前 8 世纪至公元前 6 世纪希腊向海外殖民的结果。然而，吕底亚王国是从赫梯王国中独立出来的古国，并不是希腊城邦。但是，吕底亚王国后期，攻占了小亚细亚半岛上的几乎所有希腊城邦。希腊文化已经风靡小亚细亚半岛的许多沿海城邦。所以，目前被认定为吕底亚王国的琥珀合金币上，币文都是古希腊字母。

考古在以弗所（ephesus）出土的古钱币上，发现了刻有发行者名字币文的琥珀合金币。这种钱币是公元前 620 年至公元前 600 年（克洛伊索斯的爷爷萨杜阿铁斯统治吕底亚王国时期）在爱奥尼亚（Ionia）地区生产的，币文为“ΦΑΝΕΟΣ”（of phanes，属于法涅斯）。迄今为止，币文有“法涅斯”名字的钱币的面值共有 7 种。

爱奥尼亚位于吕底亚王国的西方，是古希腊时代对今天土耳其安那托利亚西南海岸地区的称呼，即爱琴海东岸的希腊爱奥尼亚人定居地。爱奥尼亚的著名城市有以弗所、米利都（miletus），另外还包括萨摩斯岛（samos island）。

吕底亚王国克洛伊索斯国王统治时期，爱奥尼亚地区已经被吕底亚王国征服，属于吕底亚王国的一个地区。

2. 古希腊早期钱币的币文

与中国早期钱币的币文相仿，古希腊早期钱币的币文也是地名。

币 5：雅典四德拉克马银币[1]，公元前 449 年至公元前 404 年生产，重量 17.16 克，正面是雅典娜阿提卡盔头像；背面是猫头鹰站像，左上方有橄榄枝和一钩新月，右侧币文“AΘE”（雅典）。

雅典（athens）地名，作为钱币的币文是简写的“AΘE”。

币 6：西西里岛墨西拿德拉克马银币[2]，公元前 500 年生产，重量 5.73 克，正面是海豚游入镰刀形开口港湾，下方有地名“DANKLE”：背面是 9 块压印，中心有贝壳。

---

〔1〕 四德拉克马：“四”在这里是名词，用汉字。
〔2〕 德拉克马：一德拉克马银币中的“一”作为名词组成部分，可以省略。

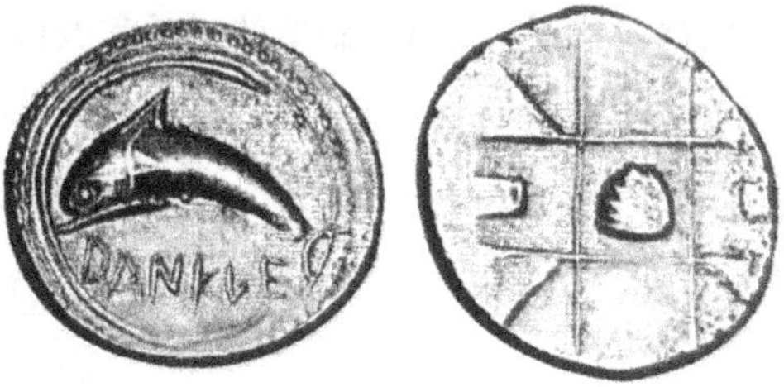

公元前725年，古希腊的卡尔基斯人来到墨西拿，见到这里的海湾像个镰刀，就称其为“ZANKLE”（DANKLE，英文sickle，镰刀。）公元前489年，改名为墨西拿。

后来，古希腊钱币上的币文，除了地名，还有地方官的姓名。

币7：色雷斯（thrace）阿布德拉（abdera）三奥波银币，公元前411年至公元前385年生产，重量2.84克。正面是鹰首狮身怪兽特里芬跃起，翼后币文为地名“ABΔ”（阿布德拉）；背面是方框内3株麦穗，框外币文为地方官名“ΕΠΙ-ΠΡ(ΩΤ)Ε(Ω)”。

3. 罗马共和国早期钱币的币文

罗马共和国早期钱币的币文也是地名。

与中国、两河流域、古希腊相比较，古罗马是后起之秀，直到公元前289年，罗马共和国才开始铸造钱币。

公元前3世纪，罗马共和国不仅铸造了青铜铸币，而且还仿制了希腊的德拉克马银币和斯塔特金币。罗马共和国铸造的青铜铸币上，一般都没有币文，同时制造的银币和金币上，出现了地名“罗马”的字样。

公元前264年至公元前255年，第一次布匿战争期间，罗马造币场打制了二德拉克马银币。这种银币是罗马人仿照希腊银币打制的。

币8：罗马共和国二德拉克马银币，公元前264年至公元前255年在罗马造币厂制造，重量7.21克，正面是希腊神话中的大力神海格力斯的束头带头像，狮皮绕颈，肩有棍棒；背面的纹饰是母狼哺婴图，图下币文：“ROMANO”(罗马的)。

罗马造币场仿制希腊的斯塔特金币要晚于仿制希腊的德拉克马银币，其币文也是“ROMA”(罗马)。

三、西方国家早期钱币的动物图饰

人类生产方式，从渔猎转向游牧，再从游牧转向农耕。人类早期的财富或者价值转移工具，应该是鱼鸟兽畜。我们看到早期的钱币图饰，多为动物形象。

币9：爱奥尼亚1/3斯塔特琥珀合金币，公元前600年至公元前550年生产，重量4.66克，正面是几何图形，背面是鱼骨形压印。

币 10：莱斯博斯斯塔特银币，公元前 550 年至公元前 500 年生产，重量 11.10 克，正面是两头牛“顶牛”，中间有橄榄枝，背面是压印。

币 11：古印度摩揭陀王国的西宋纳迦王朝德拉克马银币，公元前 413 年至公元前 345 年生产，重量 3.3 克，正面是鳄鱼和鱼，背面是数个戳记。

币 12：古罗马六阿斯印记铜币（aes signatum），公元前 285 年至公元前 275 年生产，重量 1745 克，正面是大象右行；背面是母猪左行。

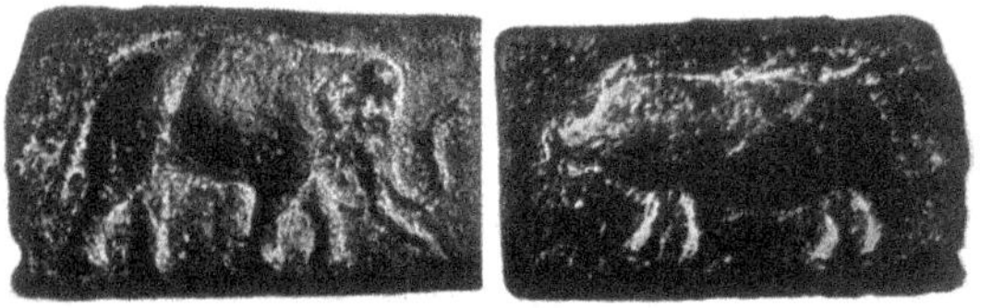

在诸多文明古国中，古罗马是后起之秀，钱币起源甚晚。但是，古罗马钱币对后世影响深远。古罗马曾经使用青铜称量货币，单位是阿斯，折合现代327克。公元前289年，罗马共和国始铸青铜铸币，单位仍然采用阿斯。上图中这枚铜币应为六阿斯，理论重量1962克，实测重量1745克，差额217克，是铸造成本和铸币税。

四、从动物图饰转为神祇图饰

在西亚和欧洲，各个城邦有着各自崇拜的神祇。所以，各地早期钱币上的图饰，从动物图饰转为神祇图饰，一般采用各城邦的主神，或各城邦百姓崇拜的神祇。在钱币上印上神祇的图像，旨在增强钱币质量的可信程度，意思是，以神灵的名义，保证这钱币是符合名义价值的。

币13：雅典四德拉克马银币，公元前510年至公元前490年生产，重量17.56克，正面是雅典娜阿提卡盔头像；背面是猫头鹰站像，左上方有橄榄枝，右侧币文ΑΘΕ。

币 14：古罗马阿斯青铜铸币，公元前 240 年至公元前 225 年在罗马造币场生产，重量 267.05 克，正面是雅努斯双面神浓须头像，背面是战船船首，上方有字母 I。

古印度早期钱币上只有印记，没有图饰。但是，这些印记有动物，还有太阳符。有学者认为，当时古印度有太阳神崇拜。所以，古印度钱币上的神像用太阳符来表示。

第二章
古代中华各民族的钱币

人类最早制造的钱币，是公元前9世纪末期古代中华晋国的空首布。空首布是铲形青铜钱币，源于晋国的铲形青铜农具“钱”。夏商时期青铜称量货币的发展，产生出兼具农具使用功能的原始数量货币“钱”。到了公元前9世纪末期，当“钱”失去了农具的功能，专用于货币职能时，就成为真正意义上的数量货币——空首布。

古代中华民族众多，不同民族产生出不同的原始数量货币。周朝时期，遵守周礼的民族称华，遵守周礼的地区称夏，不遵守周礼的民族是华夏之外的各个民族：北部民族称狄、东部民族称夷、南部民族称蛮、西部民族称戎。

古代中华各民族的钱币，由于文化不同，表现出不同的形态，主要有：铲形的布币；削形的刀币；椭圆形的贝币；圆形有孔的圜钱。

华夏农耕文化下，青铜农具“钱”作为原始数量货币的流通，引发了布币的仿造和流通；戎狄游牧文化下，青铜用具“削”作为原始数量货币的流通，引发了刀币的仿造和流通；楚国蛮夷文化下，随身佩饰“海贝”作为原始数量货币的流通，引发了贝币的仿造和流通；而中原贵族文化下，馈赠礼品“玉璧”作为原始数量货币的流通，则引发了圜钱的仿造和流通。

第一节　华夏民族布币的起源

经历了夏商两代青铜称量货币流通的历史，至西周晚期，青铜铲形农具作为原始数量货币，逐步失去了农具的使用功能，成为专用的数量货币——空首布。这个转变，发生在黄河流域中游，当时最为富庶的地区——晋国。

一、黄河流域中游的晋国

公元前 1046 年，周武王联合一些民族和方国，在牧野一战打败商纣王。商纣王自焚，商朝灭亡，周朝开始。

周武王去世后，儿子姬诵继位，为周成王。周成王封弟弟姬虞为诸侯，封地称唐国。姬虞的儿子姬燮继位后，改国号为晋。晋国（公元前 11 世纪至公元前 349 年）延续 600 多年。

据传说，周王东巡至晋国，晋献侯姬苏（公元前 822 年至公元前 812 年在位），率军跟随，受王命征战今山东夙夷。周王直接向晋献侯下达指示。在取得二邑之后，周王亲自到战场巡视，晋军大获全胜。班师回国后，周王赐给晋献侯香酒、弓箭、驷马。晋献侯异常高兴，便将征战的两支队伍驻扎在今南常、北常一带隆重犒赏。晋献侯为报答和颂扬天子的恩德，铸造了两套共 16 枚编钟，把天子的恩宠记载在钟上。所铸之钟被称为“王赐苏钟”，钟上的铭文记载了这次战争的经过及周王将晋国的部队夸为周王室的“宿卫军”等文字。王赐苏钟被陪葬于晋献侯墓地。

王赐苏钟，初露晋军克敌之锋芒，晋献侯也因此名垂青史。

迄今出土的最早的空首布，便是西周晚期晋国生产的。推算起来，应该是晋献侯时期的产物。学者多称为“原始布”。早期的“原始布”是原始数量货币，其重量并不规范。当“原始布”失去其农具的使用功能，专用于货币职能时，其重量就统一为 1 寽，继承 1 寽重量的青铜称量货币，行使货币职能。

青铜数量货币的出现，有利于商品的生产和交换。晋国由此走向富强。到了晋献侯的儿子晋穆侯时期（公元前 811 年至公元前 785 年），晋国迁都于绛。近代出土的空首布，有著名的“新绛大布”，考证为春秋早期（公元前 770 年至公元前 673 年）的产物，重量半寽，符合青铜铸币出现后即大幅减重的一般规律。

此后，晋国的军事强大发生在 100 年后的晋献公时期（公元前 676 年至公元前 651 年），“并国十七，服国三十八”。晋文公继位后，晋国在城濮之战中大败楚国，一战而霸。

二、青铜称量货币单位

夏朝粮食称量单位有“石”和“钧”。商朝金属称量单位则为“钧”和“寽”。

“石”重量大约 120 斤，用于称量粮食，显然不适合称量金属。“钧”重量大约 30 斤，作为青铜称量货币单位，可以用于大额支付。先秦有白银称量货币流通。黄锡全先生说：

> 当时的“白金”，应是以“寽”或“钧”为称量单位的。[1]

〔1〕 黄锡全：《先秦货币通论》，紫禁城出版社 2001 年版，第 63 页。

“寽”是一个古老的重量单位名称。寽即是锾，商代甲骨文中已有“锾”字。锾（环）字与锊（略）、寽（吕）同义。寽的重量是 20 两的 1/3。我们找不到商朝及西周时期的重量单位标准，只知道战国时期，斤的重量 253 克，1 斤等于 16 两，1 两的重量是 15.8125 克。益的重量是 20 两，即 316.25 克。1 益等于 3 寽。所以，寽的理论重量应为 316.25 克 ÷3=105.42 克。

然而，在金文中，未见有赏白银或罚白银使用“钧”这个单位的。但是，白银称量货币作为财富保藏或者大额支付可能需要用到“钧”这个单位。1 钧等于 30 斤，1 斤为 16 两。所以，1 钧等于 480 两。中原地区，1 益等于 20 两，或者等于 3 寽。由此推得，1 钧等于 72 寽。

中华古人采矿冶铜的历史起源于仰韶文化后期（公元前 4000 年至公元前 3000 年）。近代考古在仰韶文化后期遗址中发现多件铜片、铜块。然而，青铜作为商品交换媒介的最早时间，应该是青铜被广泛应用的夏代（公元前 2070 年至公元前 1600 年）。

黄锡全先生说：

> 中国的称量货币铜或青铜的萌芽，有可能发生在铜或青铜器比较广泛使用的阶段。也就是说，早在夏代，以黄铜或青铜作为交换的媒介物可能已经发生。[1]

河南偃师二里头夏代遗址出土许多青铜礼器、青铜兵器和青

---

〔1〕 黄锡全：《先秦货币通论》，紫禁城出版社 2001 年版，第 55 页。

铜工具，证明夏代青铜冶炼、铸造已经非常普遍。

然而，由于中华古代传世文字出现较晚，目前发现关于使用青铜称量货币作为赏赐之用的最早的文献记载出现在西周金文中，其使用的称量单位为“钧”。

西周畿父壶铭文：

> 赐畿父示六、仆四家、金十钧。

西周厉王多友鼎铭文：

> 赐汝……鐈攸百钧。

十钧、百钧都是很大的单位，西周时期使用青铜称量货币单位更多情况不是钧，而是寽。

西周成王师旅鼎铭文：

> 唯三月，丁卯，师旅众仆不从王征于方雷。使厥友弘以告于伯懋父。在艿，伯懋父乃罚得、显、古三百寽。今弗克厥罚。[1]

王三月的某一天，师旂手下众人不参加周王征伐方雷的战争。师旂使友人弘以将此事告之于伯懋父。在艿的时候，伯懋父罚得、显、古三百寽。现在没有能罚。

〔1〕 陈曦：《对西周铜器〈师旅鼎〉铭文中几个问题的讨论》，中国语言学会第13届学术年会论文。

三、人类最早制造的钱币

多数西方学者认为，人类最早出现的钱币是公元前 7 世纪小亚细亚半岛上的吕底亚王国生产的琥珀合金币。

1904 年至 1905 年，大英博物馆在小亚细亚海岸以弗所（今土耳其西南部）的阿耳忒弥斯神庙进行考古发掘，出土了近 100 枚早期钱币。根据对同批出土的相关文物进行的考证，这些钱币埋藏的时间不晚于公元前 6 世纪中期。

我们现在能够看到的有关最早的琥珀合金币的介绍，是李铁生先生介绍给大家的爱奥尼亚 1 斯塔特琥珀合金币，重量 14.52 克，公元前 650 年至公元前 600 年生产，正面是条纹图案；背面是压印。爱奥尼亚在小亚细亚西南沿海地区，古希腊殖民者在这里建立了一些城邦，公元前 7 世纪被吕底亚王国攻占。

1983 年，土耳其共和国发行 500 里拉纪念币，纪念公元前 640 年，世界第一枚钱币在吕底亚王国生产发行。

对出土文物进行考证可以看出，人类最早的钱币不是吕底亚王国的琥珀合金币，而是古代中国黄河流域中游的青铜布币——空首布。

空首布是首部有孔的铲形布币，首部的孔用于安装木制铲柄。经历了较长时间的演变，后来铸造的青铜布币不再保留安装木柄的孔，青铜布币便从空首布转变为平首布。

考古发现，铲形青铜农具于春秋时期在晋国被广泛使用。青铜布币正是在晋国最早出现。

王毓铨先生说：

纽约美洲古钱学会博物馆有一件比较小的。此品通长11厘米，足宽6.40厘米，重105.10克。[1]

币15：最早的空首布。

我们说，1寽的理论重量是105.42克。纽约所藏的中国古代空首布的重量正是1寽空首布的重量。黄锡全先生认为，这种空首布属于原始布，估计是西周晚期（公元前862年至公元前771年）铸造的。这种青铜数量货币的诞生比吕底亚王国的琥珀合金币的诞生要早100多年。这种空首布在上海博物馆也有收藏。

上海博物馆所藏的一件，通长12.1、足宽7.3厘米，重119克，估计所谓原始布一件均在百克以上。其出现的年代，估计在西周晚期。[2]

商周时期，青铜称量货币基本单位是“寽”。从称量货币转

〔1〕 王毓铨：《中国古代货币的起源和发展》，中国社会科学出版社1990年版，第30页。

〔2〕 黄锡全：《先秦货币通论》，紫禁城出版社2001年版，第87页。

向数量货币，一般情况下，数量货币的重量标准仍旧保持称量货币单位的重量标准。因此，重量 1 寽的数量货币符合从 1 寽称量货币单位转化而成数量货币的普遍规律。西周晚期的空首布，是从青铜称量货币单位转为数量货币的最早的钱币。

空首布钱币产生之后，由于体积过大，不方便携带和使用，所以出现了迅速的减重。到了春秋早期（公元前 770 年至公元前 673 年），空首布的重量便降低至半寽，即 52.71 克左右。

这一点，从出土的大型空首布“新绛大布”[1]（1 件 53 克；另 1 件 55 克）、“上博大布”[2]（1 件 57.6 克；另 1 件 43.7 克）“嵩县大布”[3]（1 件 56 克；另 1 件 49 克）可以看出。

“新绛大布”铸造于春秋早期（公元前 770 年至公元前 673 年），其他两种大型空首布铸造于春秋中期前段（公元前 672 年至公元前 624 年）。

币 16：新绛大布。

〔1〕 1982 年，在山西新绛县发现两件空首布，属春秋早期。
〔2〕 上海博物馆馆藏大型空首布，属春秋中期前段。
〔3〕 河南嵩县大型空首布，属春秋中期前段。

由此可见，人类最早的金属数量货币不是地中海沿岸吕底亚王国的琥珀合金币（公元前640年），而是中国西周晚期1寽重量的空首布，以及春秋早期出现的半寽重量的“新绛大布”。

即便是春秋中期（公元前672年至公元前575年）铸造的空首布，其始铸时间与吕底亚王国的琥珀合金币也不相上下。土耳其人认为，吕底亚王国的琥珀合金币始铸于公元前640年，而多数学者认为不会早于公元前610年。在中国，这两个年度都属于春秋中期。

四、青铜布币的减重现象

此后，晋国的空首布出现了明显的减重。

春秋中期后段（公元前623年至公元前575年），晋国出现平肩弧足空首布，及耸肩尖足空首布（主要在赵氏势力范围流通）。春秋晚期（公元前574年至公元前476年），晋国出现斜肩空首布。这些空首布的重量都已经不足半寽。

到了战国早期，晋国的空首布不仅重量出现了明显的下降，重量单位也出现了变化，每枚从春秋早期的半寽（52.71克）下降为1釿（26.36克），即1/4寽。

1益等于12釿，或者等于3寽。1寽等于4釿。

战国早期（公元前475年至公元前338年），晋国出现小型平肩弧足空首布（主要在魏氏势力范围流通）和小型耸肩尖足空首布（主要在赵氏势力范围流通）。

空首布由百姓自由铸造，其减重属于市场自发力量所致。商品交易规模的扩大，使货币需求出现增长，而金属材料的供应跟不上这种增长，金属货币重量就出现了下降的趋势。由此，从社会总体看，青铜数量货币的流通不得不代表更多的商品。所以，青铜数量货币代表的价值逐步上升，更小更多的青铜数量货币进入市场，使持币人群逐步扩大。并且，持币人群从富贵者扩展到中产者，甚至扩展到低产者。

第二节　北狄民族刀币的起源

华夏农耕文化下，青铜农具“钱”作为原始数量货币的流通，引发了布币的仿造和流通；戎狄游牧文化下，青铜用具“削”作为原始数量货币的流通，引发了刀币的仿造和流通。

一、原始数量货币——“削”

刀形生活用具“削”并不起源于华夏，而是起源于戎狄。刀币的前身“青铜刀削”的出土，主要分布在黄河中下游以北的游牧业发达的戎狄文化区内。戎狄游牧民族使用青铜刀削，这与华夏农耕民族使用铲形农具之间有着明显的区别。

所以说，农耕文化产生了布币；游牧文化产生了刀币。

青铜刀削作为生活用具，在青铜称量货币向青铜数量货币的转化过程中，也曾部分地替代了青铜称量货币，作为原始数量货币在商品交换中按照个数而不用称量进行交易，发挥了价值尺度和流通手段的货币职能。仿照青铜刀削统一规范铸造的刀币，首先在戎狄地区实现了货币流通。而出现刀币最早的国家，是白狄民族在鲜虞水沿岸(今河北省石家庄市地区)建立的鲜虞国。

刀币起源的地域,在今河北省中部、西北部。春秋晚期,居住在这一地区的人,是鲜虞国的白狄人。

西周时期,白狄人在鲜虞水沿岸兴旺起来。西周中后期,这些白狄人建立了鲜虞国。春秋晚期,公元前489年,晋国臣子赵氏领袖赵鞅率领军队攻灭了鲜虞国。鲜虞人大量逃往燕国。

刀币起源的时代,在于春秋晚期,曾与青铜刀削并存。

考古发掘出土的春秋晚期的青铜刀削,刀背弧度较大,刀头和刃部相接处呈现钝角状,与早期刀币类似,重量25克左右。

二、鲜虞刀和燕易刀

最早出现的刀币是春秋晚期(公元前574年至公元前476年)的鲜虞刀,归属于鲜虞刀币一期,重量多数集中在11~15克。[1]鲜虞刀币二期,是指战国早期鲜虞国灭亡之后,狄族部落流散各地的造币。鲜虞刀币三期,是指战国中期狄族的刀币。这种刀币,形状已经发生了少许变化,从尖首刀转为针首刀,重量6~11克。

从春秋晚期至战国中期,鲜虞刀出现了一定程度的减重。但是,鲜虞刀由百姓自由铸造,没有国家的法律支持,所以不具备快速大幅度减重的能力,从考古出土文物看,鲜虞刀重量大体相近,多数保持在11~15克之间。

---

〔1〕 王昭迈:《东周货币史》,河北科学技术出版社2011年版,第338页。

币 17：鲜虞刀，尖首刀；币 18：鲜虞刀：针首刀。

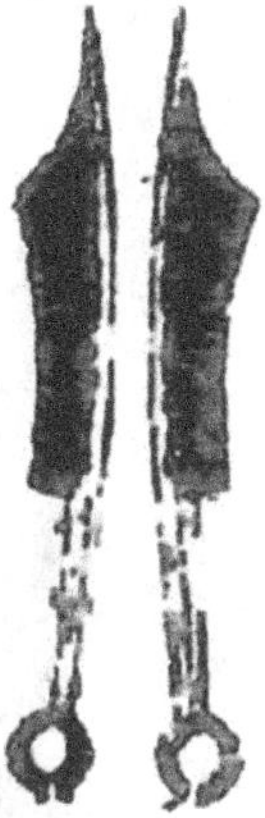

春秋晚期，鲜虞国被晋国臣子赵鞅率领军队消灭。鲜虞人迁徙到燕国，把鲜虞刀币带到燕国。战国中期，燕国铸造的刀币大多铭文“易”字，后人称为“易刀”。燕国虽然地处北方，却是周朝天子嫡系的诸侯国。

公元前 1044 年，周武王封其弟姬爽于燕地（今河北省地区），是为燕召公。

燕国仿照鲜虞刀制造的货币是“易刀”，这种易刀被归属于燕刀一期，没有币文，在河北易县、北京延庆有发现。战国中期，燕国出现的刀币属于燕刀二期，正面有固定币文“易”字。战国晚期，燕国出现的刀币属于燕刀三期和四期，皆有易字。燕国易刀各期的重量，皆与鲜虞刀的重量相近。

燕刀上的铭文“易”，过去被释读为“明”“吕”“召”“邑”“郾”等。根据清代学者的考证，燕国刀币上的铭文应为“易”

字，这种刀币大多在易水一带出土，重量在12～25克之间。[1]目前这种易刀出土数量大约为20万枚。[2]

币19：燕易刀。

三、齐国刀币单位“化”

战国时期，刀币制度传入齐国，其货币单位与齐国本土的称量货币单位出现了接轨。

战国时期，从晋国分裂出来的魏、赵、韩三国使用的布币单位是“釿”，而东方齐国使用刀币的单位是“化”。“化”读作货，每刀一化。

战国时期，三晋两周地区的重量单位从钧寽制度转向益釿制度，而齐鲁地区的重量单位则从钧寽制度转向益化制度。

1992年，山东临淄商王墓出土了大小两件有纪重、纪容的耳

---

〔1〕 昭明、马利清：《古代货币》，中国书店1999年版，第88页。
〔2〕 黄锡全：《先秦货币通论》，紫禁城出版社2001年版，第224页。

杯，考证为战国末年齐国的器物。小耳杯刻铭中有："冢叁十儨"字样，实测重量116.71克；[1]大耳杯刻铭中有："冢一益卅八儨"字样，实测重量517.47克。[2]

小耳杯重"叁十儨"，实测重量116.71克，每儨应为：116.71克 ÷30=3.89克，即：一儨重量3.89克。大耳杯重"一益卅八儨"，实测重量517.47克，每益应为：517.47克 −3.89克 ×38=369.65克，即一益为369.65克。由此推算，每益为96儨。

齐国刀币越早越大，越晚越小，铭文有："节墨之法化""节墨法化""安阳之法化""齐之法化""齐建邦返法化""齐法化"等多种。齐威王时，齐国国势达到鼎盛时期，齐国境内的刀币皆统一于"齐法化"形式。

"化"是齐国刀币的货币单位，那么，1化重量是多少？

战国中期，齐威王（公元前356至公元前320年）时候，齐国境内的刀币统一于"齐法化"形式。根据对部分完整无缺"齐法化"的实测结果，每枚重量在43～53.5克，多数为46克左右，[3]相当于齐国的1/8益的重量。根据出土铭文铜器的计算，齐国1益重量369.65克，1化重量便是369.65克 ÷8=46.21克，与"齐法化"的实测重量大致相符。

作为重量单位，1化等于12儨，1儨的理论重量是46.21克 ÷12=3.85克，与出土齐国小耳杯所证实的3.89克大致相符。

---

〔1〕 丘光明、邱隆、杨平：《中国科学技术史（度量衡卷）》，科学出版社2001年版，第125页。

〔2〕 丘光明、邱隆、杨平：《中国科学技术史（度量衡卷）》，科学出版社2001年版，第125页。

〔3〕 朱活：《论秦始皇统一货币》，载《文物》1974年第8期。

因此，我们采信齐国1化重量46.21克，1傒重量3.85克。齐国的大刀，每刀1化。齐国的小刀，应为1/4化，即3傒，理论重量11.55克。

四、齐国刀币的主要类型

齐国刀币种类繁多，许多问题难说清楚，大体划分，有齐大刀、截首刀、齐易刀、齐法化等。

1. 齐大刀

齐国刀币中传世最多的是齐大刀，其品种可以分为三种类型：[1]

（1）齐大刀甲型：即墨之大刀，重量44.5～63.2克；安阳之大刀，重量46～48.5克；齐之大刀，重量44.5～50.5克。

（2）齐大刀乙型：战国中期的货币，有：節大刀，重量64克；即墨大刀，重量23～45克。

（3）齐大刀丙型：齐大刀，重量41～51.3克；齐返邦长大刀，重量42.3～50.9克。

齐大刀重量1化，理论重量46.21克，不同时期铸造的齐大刀重量不同。此外，化作为重量单位，其重量标准也是逐步缓慢变化的。

币20：齐大刀。

〔1〕 黄锡全：《先秦货币通论》，紫禁城出版社2001年版，第280页。

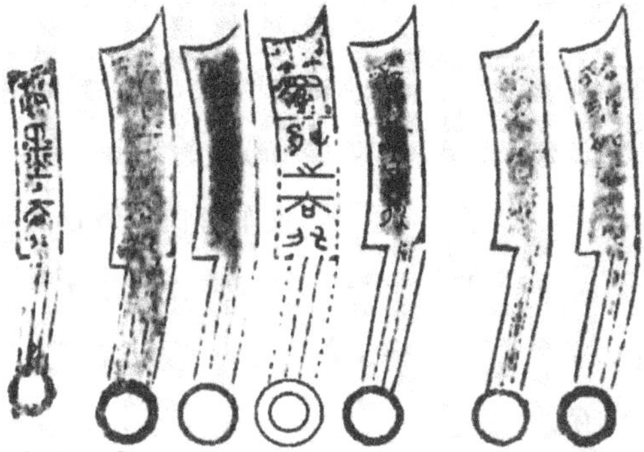

2. 截首刀

截首刀的本体是战国早期鲜虞中山刀以及燕国仿铸的鲜虞中山刀，一般由刀背中部向刀刃上部斜着截去刀首。人为剪掉刀首之后，重量 10～15 克。[1]齐大刀有分币，重量应该是 1/4 化，即 3 偾，理论重量 11.55 克。鲜虞中山刀流入齐国境内，重量超过齐大刀的分币，所以截去刀首，使其符合齐国齐大刀的分币的重量标准，进入流通。

币 21：截首刀。

〔1〕 王昭迈：《东周货币史》，河北科学技术出版社 2011 年版，第 384 页。

3. 齐易刀

齐国易刀铭文“易”字，出土于齐地，许多铭文有齐国城邑名，目前发现总数 11,000 多枚。齐易刀的铸造年代，众说不一，有学者认为齐易刀是燕国大将乐毅军事占领齐国时期（公元前 284 年至公元前 279 年）的产物，也有学者认为齐易刀是齐国人早期仿照燕国易刀制造。相比齐大刀，齐易刀属于小型刀币，重量与燕易刀相仿。

币 22：齐易刀。

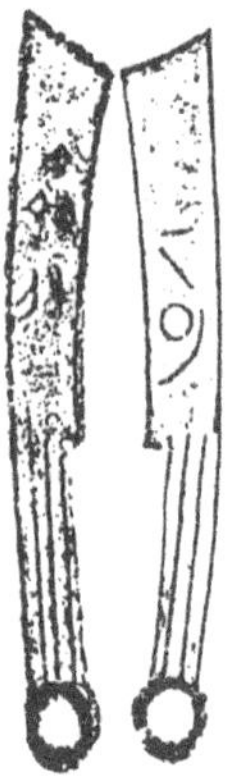

4. 齐法化

齐法化是国家垄断铸造货币的结果。齐法化的形制源于齐大刀，属于大型刀币。

币 23：齐法化。

第三节 南蛮楚人贝币的起源

南蛮楚人的青铜贝币，起源于原始数量货币“海贝”的演化。由于羡慕中原文明，不能摆脱中原夏商古代贵族配饰珠玉、龟贝的时尚，长期保持身佩“海贝”的习俗，南蛮楚人采用“海贝”作为原始数量货币流通，终于引发了青铜贝币的仿造和流通。

一、贝币的前身是佩饰“海贝”

夏商时期，人们以海贝作为佩饰。生活在黄河流域的古人，自然将来自大海的海贝视为稀罕之物，悬挂在身上炫耀富贵。不仅活着的时候人们将海贝挂在身上，死后也要采用海贝随葬。

夏代墓葬已有海贝随葬。商代墓葬中海贝渐多。周代墓葬中更是多有海贝。

夏代墓葬随葬海贝举例：

（1）1975年，河南郾师二里头夏代遗址一座墓葬中发现海贝

12枚，靠近尖端处皆有一个磨孔。[1]

（2）1984年，河南郾师二里头夏代遗址发现了12座墓葬，9号墓出土海贝70枚，11号墓出土海贝58枚，皆置于墓底中部。[2]

（3）1974年至1983年，内蒙古赤峰大甸子发掘的夏商时代的夏家店下层文化墓葬中，有43座墓葬出土海贝659枚。[3]

商代墓葬随葬海贝举例：

（1）1955年，河南郑州二里岗商代早期墓葬中出土穿孔海贝460余枚。[4]

（2）1976年，河南安阳殷墟发掘的妇好墓，棺内随葬海贝6880枚。[5]

（3）1929年以来，四川广汉市西北鸭子河南岸，相当于商代晚期的古蜀国三星堆祭祀坑里出土海贝5220枚。这些海贝一部分堆于坑底，一部分装在青铜尊、罍中。[6]

西周墓葬随葬海贝举例：

（1）1979年，陕西咸阳市淳化县西周早期墓葬出土海贝

---

〔1〕 中国社会科学院考古研究所二里头工作队：《郾师二里头遗址新发现的铜器和玉器》，载《考古》1976年第4期。

〔2〕 中国社会科学院考古研究所二里头工作队：《1984年秋河南郾师二里头遗址发现的几座墓葬》，载《考古》1986年第4期。

〔3〕 黄锡全：《先秦货币通论》，紫禁城出版社2001年版，第11页。

〔4〕 河南省文化局文物工作第一队：《郑州商代遗址的发掘》，载《考古学报》1957年第1期。

〔5〕 中国社会科学院考古研究所安阳工作队：《安阳殷墟五号墓的发掘》，载《考古学报》1977年第2期。

〔6〕 《广汉三星堆遗址一号祭祀坑发掘简报》，载《文物》1987年第10期；《广汉三星堆遗址二号祭祀坑发掘简报》，载《文物》1989年第5期。

180枚。[1]

（2）1981年，宁夏固原市西周早期墓葬出土海贝195枚。[2]

（3）1992年，陕西宝鸡市扶风县黄堆乡清理西周墓葬11座，其中8座出土海贝167枚。[3]

春秋时期墓葬随葬海贝举例：

（1）1961年，山西临汾市侯马县上马村13号墓（春秋早中期晋国大夫墓）出土海贝8枚。[4]

（2）1978年，河南南阳市淅川县下寺春秋中晚期墓出土海贝4000余枚。[5]

（3）1981年，山东济宁市曲阜县林前村春秋晚期鲁国墓出土海贝7枚。[6]

战国时期墓葬随葬海贝举例：

（1）山西长治市潞城7号墓出土海贝100余枚，属于战国早期墓葬。[7]

（2）河南新乡市辉县固围村2号墓出土海贝727枚，属于战国晚期魏国墓葬。[8]

---

〔1〕 淳化县文化馆：《陕西淳化史家塬出土西周大鼎》，载《考古与文物》1980年第2期。

〔2〕 固原县文物工作站：《宁夏固原西周墓清理简报》，载《考古》1983年第11期。

〔3〕 罗西章：《黄堆老堡西周墓葬出土货币的初步研究》，载《中国钱币论文集》第3辑。

〔4〕 山西省文物管理委员会侯马工作站：《山西侯马上马村东周墓葬》，载《考古》1963年第5期。

〔5〕 河南省文物研究所：《淅川下寺春秋楚墓》，文物出版社1991年版。

〔6〕 朱活：《古钱新典》（上），第16页。

〔7〕 山西省考古研究所：《山西省潞城县潞河战国墓》，载《文物》1986年第6期。

〔8〕 中国社会科学院考古研究所：《辉县发掘报告》，科学出版社1956年版。

(3)河南新乡市辉县琉璃阁140号战国墓出土海贝58枚。[1]

先秦时期，大量海贝作为陪葬物品，说明海贝已经不是墓葬主人的饰物，而是墓葬主人携带到阴间的财富，海贝已经从饰物转变为具有财富功能的原始数量货币。

二、海贝曾是原始数量货币

海贝的用途主要有：(1)佩饰。内陆居民，使用海贝作为佩饰，因其为难得稀罕之物。(2)占卜。商代人们经常要占卜，而占卜需要使用龟贝。所以，卜文中常出现贝的使用。(3)赏赐或礼品。商代，贝可用作赏赐或礼品。然而，到了周代，玉的使用似乎在很大程度上取代了贝的使用。(4)商品交换。以海贝置换其他物品，应该是很自然的事情。所以，海贝可以作为商品交换之用。(5)财富保藏。鉴于海贝的交换价值，人们将其窖藏或陪葬。

海贝属于原始数量货币，理由有二：

(1)在商品交换中，海贝按照个数进行交易，不需要称量。

作为原始数量货币，海贝的货币单位是贝，如“五贝”，也可以是“朋”。1朋是多少贝，众说不一。王国维先生说：

> 古者五贝一系，二系一朋。后失其传，遂误谓五贝一朋耳。[2]

古代5枚海贝为1串，2串为1朋。后来失传，误以为5枚海贝为1朋。

---

〔1〕 中国社会科学院考古研究所：《辉县发掘报告》，科学出版社1956年版。

〔2〕 王国维：《观堂集林：说珏朋》，中华书局1959年版，第162～163页。

(2)除了发挥货币职能，海贝作为佩饰，挂在身上，发挥使用价值。

海贝与“钱”“削”一样，既可以作为生产、生活用品，又可以作为一般等价物商品充当交换媒介。所以，海贝属于原始数量货币，而不是真正意义上的数量货币。

但是，海贝的价值难以稳定。海贝在东方沿海地区的价值甚低，运到内陆价值百倍。此种价值，随着交通的逐步顺畅，自然难以稳定。东方沿海的海贝与西方深山的玉石相比较，容易残损，难以持久佩戴。海贝的价值难以稳定，不能持续长久地作为财富宝藏，终于部分地被玉所替代，形成玉贝并行的局面。

古代中国各地区经济发展不平衡，战国初期有些诸侯国已经采用青铜数量货币——青铜贝币，替代了原始数量货币——海贝。然而，直到战国晚期仍有些地区还在使用贝类原始数量货币。因此，司马迁说：“及至秦，……珠玉、龟贝、银锡之属为器饰宝藏，不为币。”[1]

这意思是说，秦始皇统一全国货币，停止珠玉、龟贝、银锡作为货币的职能。这说明，当时有些地区还存在贝类作为原始数量货币的流通。

三、无文铜贝性质的转变

最早的无文铜贝，发现在商朝的墓葬中。这种无文铜贝大小不一、形状不一，显然不是青铜数量货币，而是仿照海贝制造的

---

〔1〕(西汉)司马迁:《史记》卷三〇《平准书》，中华书局1959年版，第1442页。

饰物，属于原始数量货币的性质。

1953 年，河南安阳大司空商墓中发掘出 3 件铜铸贝壳，系仿海贝铸造。[1]

1969 年，河南安阳殷墟西区 620 号商代晚期墓出土铜贝 2 枚。[2]

1972 年，山西保德县遮峪村商代晚期墓出土铜贝 109 枚。[3]

西周时期墓葬中几乎没有铜贝出土。春秋时期各诸侯国境地墓葬，多有无文铜贝出土。

1961 年，山西临汾市侯马县上马村出土晋国无文铜贝 1600 余枚。[4]

1981 年，山东济宁市曲阜县林前村春秋晚期鲁国墓出土无文铜贝 588 枚，大型重量是 6～7 克；小型重量是 4.1 克。[5]

春秋时期墓葬出土的无文铜贝，应属青铜数量货币。如此大量随葬的铜贝，显然不是作为墓主人的饰物随葬，而是作为墓主人的财富随葬。有学者认为春秋时期的无文铜贝属于称量货币。但是，将青铜金属加工为贝形，需要不少的成本，如果交易时仍需称量，加工成本就毫无意义。既然将青铜加工成为贝形，可以按照数量交易，目的当然是为了减少称量的烦琐。因此，无文铜贝不是饰物，应该是青铜数量货币。

---

〔1〕 马得志、周永珍、孙云鹏：《一九五三年安阳大司空村发掘报告》，载《考古学报》1955 年第 9 期。

〔2〕 杨宝成、杨锡章：《1969～1977 年殷墟西区墓葬发掘报告》，载《考古学报》1979 年第 1 期。

〔3〕 吴振录：《保德县的商代青铜器》，载《文物》1972 年第 4 期。

〔4〕 山西省考古研究所：《山西侯马上马村晋墓发掘简报》，载《文物》1989 年第 6 期。

〔5〕 孙敬明：《齐鲁货币文化比较研究》，载《中国钱币》1998 年第 2 期。

由此可见，商代铸造的无文铜贝，属于兼具饰物使用的原始数量货币。春秋时期铸造的无文铜贝，饰物作用消失，已经转化成作为价值尺度、流通手段和储藏手段的数量货币。

币 24：无文铜贝。

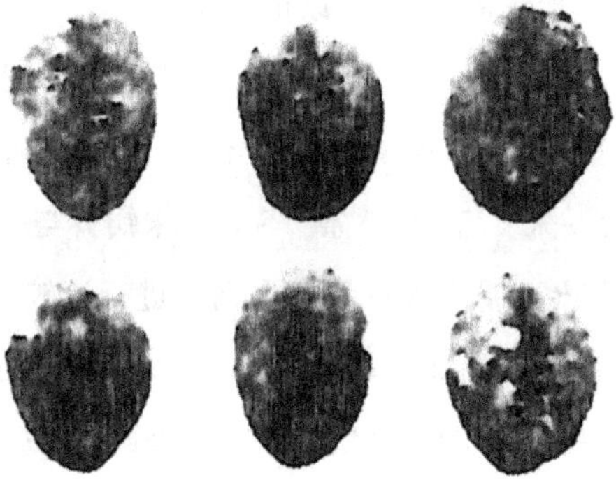

四、楚国有文铜贝的种类

无文铜贝出现在多个诸侯国的境地，而有文铜贝却仅限于楚国境地。楚国铜贝的文字，以“巽”字为最多。

楚国的铜贝被称为“蚁鼻钱”或“鬼脸钱”。蚁鼻钱，可能是楚国古语“一贝”的读音。“鬼脸钱”则是巽字铜贝的别称。巽字在铜贝上，看上去就是一个鬼脸。

黄锡全先生说：

> 这种铜贝广泛被发现，主要是近几十年的事情。……据不完全调查、统计，全国已出土楚铜贝一百余次，约计15万余枚。[1]

〔1〕 黄锡全：《先秦货币通论》，紫禁城出版社 2001 年版，第 356 页。

根据出土实物考证，楚国铜贝的种类，按照铭文划分主要有："巽""夅朱""全""君""行""釿""安""邍"等。

"巽"：这个字历来有许多解释，有"贝""咢""选"等，都是货币单位。有学者认为"巽"是地名，西周时期楚国的封邑是"咢"。在"咢"地铸造铜贝，所以币文为"咢"。

"夅朱"：楚国铜贝中，出土最多的就是巽字铜贝和夅朱铜贝。"夅朱"这个铭文，也有许多种不同的解释，有学者解释为"各六朱""女一朱""五朱""条"等。夅朱铜贝与巽字铜贝并行流通。对同批出土巽字铜贝和夅朱铜贝进行比较，两者重量相近。由此推论，两者铭文应是不同的地名，而非不同的货币单位或不同的重量单位。"巽"是地名"咢"，是西周楚国的封邑；"夅朱"是地名"象禾"，是东周楚国的一个城邑。这两个地方是楚国铸造铜贝的中心。其他铭文的铜贝数量较少，应该是不同时期或仿照他国铜钱铭文之物。

币 25：巽字铜贝。

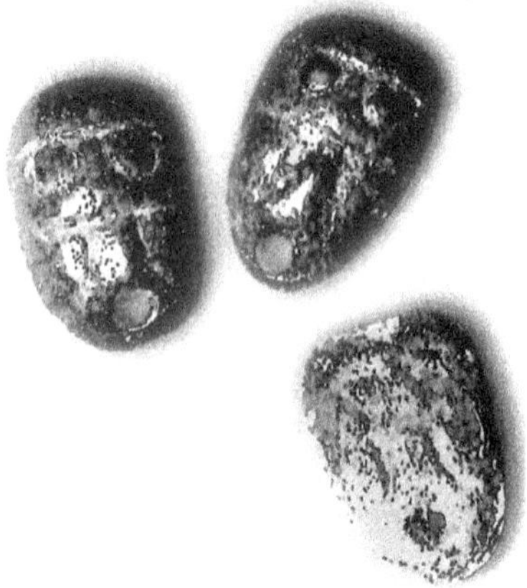

币 26：夆朱铜贝。

第四节　西戎秦人圜钱的起源

中原贵族文化下，馈赠礼品“玉璧”作为原始数量货币的流通，引发了青铜圜钱的仿造和流通。圜钱主要有两种形制，圆形圆孔的圜金和圆形方孔的圆钱。从流通区域划分，布币行用区流通的主要是圆形圆孔的圜金；刀币行用区流通的主要是圆形方孔的圆钱。最早的圜钱并不是出自秦国，而是出自魏国。秦人为了显示自己的正统地位，效仿中原，便采用圜钱作为法定货币。

公元前 336 年，秦国开始铸行圜钱，法定重量半两，后世称为“秦半两”。公元前 221 年，秦始皇灭六国，实现中国的统一，废除了各诸侯国的钱币，将秦半两推广到全国使用。于是，秦半两成为中国历史上第一种全国统一流通的钱币。

一、圜钱的前身是礼品“玉璧”

圜钱由青铜铸造，共有两种：一种是圜金，另一种是圆钱。圆形圆孔者为圜金，圆形方孔者为圆钱，二者统称圜钱。最早的圜钱是圜金，方孔圆钱从圜金的基础上发展而成。关于圜金的起源，有三种说法：

（1）圜金由圆足布发展而来；

（2）圜金仿自纺轮；

（3）圜金由玉璧发展而来。

圆足布的形状是圆首、圆肩、圆裆、圆足。但是，圆足布的基本形状还是布币，是个铲子的形状，与圜金的形状相差悬殊。所以，圜金不是仿照圆足布的形状铸造的。纺轮体积过大，难以作为货币流通，文献中从无纺轮作为数量货币流通的记载。所以，圜金也不是接替纺轮成为流通手段的。玉璧与青铜农具钱、青铜工具削、佩饰海贝一样，曾经作为实物货币形态在民间流通。此外，玉璧的形状与圜金的形状一般无二。所以，圜金是仿照玉璧的形状铸造，接替玉璧的货币功能进入流通领域的。西周时期，玉璧本身就是在贵族之间相互馈赠的礼品“币”，青铜圜金仿照玉璧的形状铸造，逐步替代玉璧的货币功能，成为价值尺度和流通手段。

《周礼》中有“玉币”的名称，指的是玉器的礼物。王国维说

> 殷时玉与贝皆货币也，……其用为货币及服饰者，皆小玉小贝。[1]

圜金的前身是馈赠礼品玉璧。圆钱则是圜金的变种。圜金和圆钱都是青铜铸造的，铸造后都需要磋磨钱边的毛刺。方孔铜

〔1〕 王国维：《观堂集林：说珏朋》，中华书局1959年版，第161页。

钱可以用方棱木棍穿在一起，磋磨起来比圆孔钱要省力很多，制造工艺更加简易。所以，在圜金的基础上，人们为了制造方便而创造了圆钱。

先秦四大钱币体系中，圜钱出现最晚，两种圜钱分属于两个不同的区域：(1)布币行用区使用圜金，即三晋两周地区使用圆形圆孔的圜金；(2)刀币行用区使用圆钱，即齐燕地区使用圆形方孔的圆钱。

二、最早的圜钱是桼垣圜金

圜钱盛行于战国后期的秦国。但是，最早的圜钱并不是出自秦国，而是出自战国早期的魏国。

班固说，西周的货币是圜钱，形制是圆形方孔的圆钱。但是，迄今为止，考古尚未发现西周的圜钱，最早的圜钱出于战国早期的魏国。

王昭迈先生说：

> 魏国是最早产生圜钱的地区，考察魏国圜钱系统，时代最早的可能是桼垣发行的货币，包括桼垣一釿、桼垣一睘、半釿、半睘。[1]

桼垣地处今陕西咸阳市彬县西，桼垣一釿重量 8.5 ~ 12.8 克。[2]

---

〔1〕 王昭迈：《东周货币史》，河北科学技术出版社 2011 年版，第 421 页。
〔2〕 昭明、马利清编著：《古代货币》，中国书店 1999 年版，第 75 页。

币 27：桼垣一釿。

桼垣圜钱的铸行始于魏武侯时期（公元前 396 年至公元前 370 年），终于魏襄王七年（公元前 312 年）。魏襄王七年，上郡归属于秦国。桼垣属于上郡，魏国从此停止在桼垣铸行圜钱。

《史记·魏世家》云：

> 五年，……予秦河西之地。……七年，魏尽入上郡于秦。[1]

魏襄王五年（公元前 314 年），……割让河西之地给秦国。……魏襄王七年，上郡地界全部归秦国所有。

根据出土钱币的铭文分类，在各诸侯国中，魏国铸行圜钱的种类最多，其重量单位并非班固所说的“钱圆函方，轻重以铢”[2]，而是魏国当时布币的重量单位“釿”。魏国在 5 个地方总共铸行 12 种圜钱：[3]

（1）桼垣 4 种：桼垣一釿；半釿；桼垣一睘；半睘。

---

〔1〕（西汉）司马迁：《史记》卷四十四《魏世家》，中华书局 1959 年版，第 1848 页。

〔2〕（东汉）班固：《汉书》卷二四下，《食货志》，中华书局 1962 年版，第 1149 页。

〔3〕王昭迈：《东周货币史》，河北科学技术出版社 2011 年版，第 429～432 页。

（2）垣邑（今山西运城市垣曲县东南）2种：垣（一釿）；垣（半釿）。

（3）共地（今河南新乡市辉县）3种：共；共屯赤金；共少半釿。

（4）济阴（今河南开封市兰考县东北）2种：济阴（大型）；济阴（小型）。

（5）卫釿1种：卫国首都帝丘（今河南濮阳市）铸行的圜钱。

根据实测，魏国圜钱1釿重量大多为10～15克；半釿重量大多为5～6克。1釿的理论重量26.36克。早期圜钱以釿为单位，实际重量已经远远达不到釿的理论重量。

三、布币行用区使用的圜金

在布币行用区，除了魏国使用圆形圆孔的圜金，赵国也使用圆形圆孔的圜金。赵国不但有圆形圆孔的圜金，而且还有圆形方孔的圆钱。

赵国的圜金，始于赵武灵王时期（公元前325年至公元前295年，其中后4年为"主父"，即太上王），最早铸于蔺（今山西吕梁市柳林县）、离石（今山西吕梁市离石区）二邑。蔺和离石两地出土圜金不多，说明圜金在这两地流通时间较短。

方孔蔺钱是蔺地入秦之前的最后货币形式。赵武灵王十三年（公元前313年），秦国军队攻打蔺，俘虏赵国的将军。《史记·六国年表》云：

樗里子击蔺阳，虏赵将。[1]

如果此时赵国没有停止在蔺铸行圜金，那么，蔺圜金停止铸行的时间最晚至赵惠文王（公元前299年至公元前266年）时期。除了蔺、离石两地，赵国还在广平（今河北邯郸市曲周县北部）和襄阴（今山西忻州市定襄县）铸行圜金。

赵国铸行圆形圆孔圜金3种：

（1）蔺：蔺邑铸行；

（2）离石：离石铸行；

（3）广平：广平铸行。

赵国铸行圜钱比魏国铸行圜钱要晚，所以重量更轻。赵国圆形圆孔圜金重量为10克左右，而赵国圆形方孔圆钱重量则为3～6克。赵国铸行圆形方孔圆钱2种：

（1）蔺：蔺邑铸行；

（2）襄阴：襄阴铸行。

魏国铸行圜金，赵国兼铸圜金和圆钱。韩国是否铸造圜钱，学术界尚有争议。

两周圜钱有安臧圜钱，属于圆形圆孔的圜金，是周室安定库藏的钱币，重量为10克左右。公元前414年，周考王封其弟揭于河南城，称西周桓公，公元前256年被秦国灭。

公元前367年，西周惠公封其少子于巩，称东周惠公。东周公国于公元前249年被秦国灭。东周圜钱重量为4克左右。

---

〔1〕（西汉）司马迁：《史记》卷十五《六国年表》，中华书局1959年版，第733页。

币 28：安臧圜金。

四、刀币行用区使用的圆钱

齐、燕两国属于刀币行用区，战国晚期也使用圜钱。齐、燕地区的圜钱不同于三晋两周地区圆形圆孔的圜金，而是圆形方孔的圆钱。秦国不属于刀币行用区，也不属于布币行用区，但也使用圜钱，并且以圆形方孔的圆钱统一了全国的钱币。

1. 齐国圜钱

齐国的圜钱是圆形方孔的圆钱，起源于齐襄王时期（公元前 283 年至公元前 265 年），终于秦始皇统一全国货币。齐国的圆钱有賹刀、賹四刀、賹六刀三种，其中：賹刀重量为 2 ~ 2.5 克；賹四刀重量为 4.5 ~ 10.5 克；賹六刀重量为 8.5 ~ 10.5 克。[1]

賹（今山东潍坊市青州县北）是地名。賹刀是在賹地铸行的价值 1 刀的圆钱；賹四刀是在賹地铸行的价值 4 刀的圆钱；賹六刀是在賹地铸行的价值 6 刀的圆钱。齐国刀币的重量为“化”，1 化 46.21 克。战国晚期，价值 1 刀的圜钱重量只有 2 ~ 2.5 克，说

〔1〕 黄锡全：《先秦货币通论》，紫禁城出版社 2001 年版，第 314 页。

明齐国青铜数量货币已经大幅度减重。

币 29：賹六刀。

2. 燕国圜钱

燕国的圜钱是圆形方孔的圆钱，源于末代国王燕王喜时期（公元前 254 年至公元前 222 年），终于秦始皇统一全国货币。燕国的圜钱有一刀、易刀、易四三种，其中，一刀重量为 1.5～1.9 克；易刀重量为 2.45～4.8 克；易四重量为 3.8～4.1 克。[1]

齐、燕圆形方孔钱产生于战国晚期。虽然，齐国圆形方孔钱出现比三晋圜钱晚约一个世纪，比秦国圜钱晚约半个世纪，而燕国圆形方孔钱的出现比齐国圆形方孔钱更晚。

3. 秦国圆钱

秦国是一个相对独立的地区，既不属于布币行用区，也不属于刀币行用区。秦国的圜钱，最早出现的是圆形圆孔的，有“十二·一珠重一两”和“十四·一珠重一两”。“十二·一珠重一两”的重量为 8.3～14.4 克；“十四·一珠重一两”的重量为 9.4～16 克。[2]

---

〔1〕 王昭迈：《东周货币史》，河北科学技术出版社 2011 年版，第 440 页。
〔2〕 王昭迈：《东周货币史》，河北科学技术出版社 2011 年版，第 441 页。

币 30：十二·一珠重一两。

秦惠文王二年（公元前 336 年），秦国开始由国家统一铸行半两钱。半两钱是圆形方孔钱，法定重量 12 铢，折合现代 7.91 克。然而，秦半两铸行之后，便不断减重，到了秦始皇时期，半两钱的平均重量只有 5.27 克左右。

秦国的圜钱，还有“两甾”，应与半两相同。甾是重量单位，1 两等于 4 甾，半两就是两甾，1 甾等于 6 铢。

币 31：两甾。

公元前 221 年，秦始皇灭六国，实现中国的统一，废除各诸侯国的钱币，将秦半两推广到全国使用。于是，秦半两成为中国第一种全国统一流通的钱币。

第三章
吕底亚王国的琥珀合金币

白银称量货币和黄金称量货币在小亚细亚半岛(今土耳其西北部)流通了一千多年之后,在吕底亚王国生产出金属数量货币——钱币。不久,波斯帝国征服了小亚细亚,继承了吕底亚王国的钱币流通制度,并将钱币流通制度引入伊朗高原。

第一节 梅尔姆纳得斯王朝的兴亡

小亚细亚半岛也被称为安纳托利亚高原，位于亚洲西端，濒临爱琴海。公元前20世纪之后，两河流域的文明，向北传入小亚细亚半岛，促进了当时世界上最强大的王国——赫梯王国的形成。公元前15世纪至公元前13世纪，赫梯王国进入鼎盛时期，与古埃及争夺世界霸权。长期持久的战争，使赫梯王国和古埃及王国双双走向衰败。公元前12世纪，赫梯王国瓦解，吕底亚王国从赫梯王国中独立出来。公元前716年，吕底亚王国提罗尼德斯王朝的国王坎道列斯被贴身侍卫杀死。这个贴身侍卫成了国王，建立的王朝被称为梅尔姆纳得斯王朝。正是在这个王朝，吕底亚人生产出琥珀合金币。

一、吕底亚王国的独立

吕底亚王国曾是个小国，是赫梯王国的一部分。

公元前19世纪，赫梯王国在小亚细亚形成。

赫梯王国在古巴比伦王国后期逐渐强盛，常向两河流域侵扰，最大一次入侵发生在公元前1595年，赫梯人攻入巴比伦城，消灭了古巴比伦第一王朝。此后，赫梯王国的国王铁列平进行改革，对内整顿纲纪，对外发动战争，国力日渐强盛。公元前15世纪末至公元前13世纪中期，是赫梯王国最强盛的时期。公元前1285年，赫梯王国的军队与埃及法老拉美西斯二世的军队大战于叙利亚卡迭石东部。从此，两个王国之间的战争又继续了16年。结果，赫梯王国和埃及王国都开始衰败。公元前1269年，赫梯王国的国王哈吐什尔与埃及王国的国王拉美西斯二世缔结同盟条约，结束了战争。

赫梯王国之所以强大，原因是垄断了铁矿资源。赫梯人是西亚地区乃至全球最早发明冶铁术和使用铁器的民族。考古发现的证据显示，赫梯人生产铁器的历史可以追溯到赫梯王国建立之前的公元前20世纪。赫梯王国把铁视为专利，不许外传。赫梯的铁兵器曾使古埃及等国为之胆寒。赫梯人打击敌人最有效的武器是战车。在战场上，他们驱赶披着铁甲的马拉战车冲锋陷阵，所向披靡，使敌人闻风丧胆。直到公元前1180年左右，赫梯王国灭亡之后，赫梯铁匠散落各地，才将冶铁技术扩散到其他王国。公元前8世纪，赫梯王国的冶铁技术传入印度，进而传入中国。

战争消耗了大量的资源，公元前12世纪，赫梯王国终于瓦解，吕底亚王国从赫梯王国中独立出来。公元前8世纪，赫梯王国的残存势力被亚述帝国消灭。从此，吕底亚王国从一个小国，逐步扩张到几乎整个小亚细亚半岛，替代了原来赫梯王国的地位。

二、希罗多德讲述的故事

古希腊著名历史学家、西方史学之父——希罗多德（公元前484年至公元前425年）出生在小亚细亚半岛西南海滨的一座古老城市。他酷爱史诗，到处行走，收集历史故事。希罗多德在他撰写的《历史》第一卷中所讲述的小亚细亚半岛上的故事，是他在当地考察时获得的。他著史的风格是如实记载听来的传说和故事。在希罗多德撰写的《希波战争史》书中，使用频率最高的一句话就是，“我是不相信这种说法的。”他认为：“我的职责是记录人们讲的一切，但我决无义务相信它们，这适用于整个这部书。”[1]

希罗多德出生的时候，赫梯王国早已过去，吕底亚王国也已经过去。在希罗多德出生前62年，波斯帝国国王居鲁士攻陷萨迪斯，俘虏了吕底亚国王克洛伊索斯，征服了小亚细亚半岛。希罗多德在他撰写的《历史》第一卷中讲述的故事，正是这位克洛伊索斯国王家族王朝的故事。

三、梅尔姆纳得斯王朝

根据希罗多德的讲述，很久以前，有一个国王，他的王国是世界上最富有的王国，他的妻子是世界上最美丽的女人，他有至高无上的权力和用之不尽的财富。地位、美女、权力、金钱，应有尽有，他可以对神发誓，他确实过着幸福的生活。然而，他失落了，迷惘了，感到不满足了。地位、权力、金钱，大家都看到了，并且都对他表达了崇敬和羡慕。唯一遗憾的是，妻子的美丽，大家没有完全看到，衣服掩盖了妻子的美丽。怎么办？他找来贴身侍卫，要求他去偷窥妻子的裸体，以便得到贴身侍卫更多的崇敬和羡慕。贴身侍卫偷看了国王妻子的裸体之后，国王妻子大怒。

---

〔1〕［古希腊］希罗多德：《希波战争史》，一部关于古希腊城邦及波斯帝国历史的“百科全书”（缩译彩图本），吴玉芬、易洪波编译，重庆出版社2007年版，第6页。

> 原来在吕底亚人当中，同时在几乎所有异邦人之中，甚至对男子来说，当自己裸体时被人看到，都被看作是一种奇耻大辱。[1]

事情似乎有些不妙了，美丽的传说变成血腥的谋杀，贴身侍卫与王后同谋，杀害了国王。于是，贴身侍卫得到了王位和王后，建立起一个更加富有的王国。让人们无法忘怀的是，就是这个王国，发明了西方世界上最早的钱币。

这就是希罗多德在他撰写的《历史》第一卷里讲述的故事。故事里的国王就是当时世界上最富有的王国——吕底亚王国提罗尼德斯王朝的最后一任国王坎道列斯，贴身侍卫就是杀害了坎道列斯之后，开创了梅尔姆纳得斯王朝的国王巨吉斯。

公元前 640 年，巨吉斯的儿子阿尔杜斯执政时期，吕底亚王国生产出西方世界最早的钱币——琥珀合金币。

大家都相信这个故事。特别是土耳其人，他们在公元 1983 年发行了 500 里拉流通纪念币，纪念吕底亚王国首次发行西方世界第一枚钱币的壮举。

四、亡国之君克洛伊索斯

根据希罗多德的讲述，两千多年以来，人们传颂着克洛伊索斯的故事。

克洛伊索斯时代，吕底亚王国发展到鼎盛时期。吕底亚王国

---

〔1〕［古希腊］希罗多德：《历史》，周永强译，陕西师范大学出版社 2008 年版，第 7 页。

征服了地中海沿岸在小亚细亚半岛上的所有希腊城邦，成为小亚细亚的霸主。

公元前550年，在伊朗高原西部，居鲁士[1]推翻米底王国，建立了波斯王国。克洛伊索斯感到了威胁，就准备去攻打波斯。智者桑达尼斯直言进谏说：

> “国王啊，您所要进攻的波斯人一无所有。他们以皮制衣，以水代酒，土地荒瘠贫苦，没有任何美好华贵的东西。您即使把他们征服了，也得不到什么。如果您万一不胜，您的损失可无法估量啊！”[2]

克洛伊索斯不听智者的话，去攻打波斯。

公元前547年，克洛伊索斯与居鲁士在普特里亚进行了一次会战，互有胜负。战后，克洛伊索斯派使者去希腊德尔斐阿波罗神殿请求神谕。女巫说有一个帝国将会陷落。克洛伊索斯断定陷落的帝国将是波斯帝国。于是，他在边境上不断集结部队，准备再次进攻。居鲁士为了防止克洛伊索斯集合更多的军队进攻波斯，在公元前546年带领大军先发制人，绕过防线，攻至吕底亚首都萨迪斯城下。

两军陈兵于萨迪斯城前，锡姆伯拉战役爆发。克罗伊索斯的军队骑马迎敌，居鲁士的军队骑骆驼冲锋。根据希罗多德所著《历史》所言，马害怕骆驼，因此吕底亚的战马在看到波斯的骆驼或闻到其气味时便不受指挥，无论骑兵如何驱使，都不肯向前冲

[1] 居鲁士，即居鲁士二世，一般称为居鲁士，建立了波斯帝国。
[2] 于卫青：《波斯帝国》，中国国际广播出版社2014年版，第41页。

锋。吕底亚的骑兵被迫下马作战，结果惨败，逃回城里。居鲁士在围城两周后，率军攀越城壁，攻入萨迪斯城，活捉了克罗伊索斯，吕底亚王国灭亡。

居鲁士命人架起柴火，准备烧死克洛伊索斯。克洛伊索斯长叹一声，连呼梭伦的名字。居鲁士就问起梭伦的事情。

想当年，希腊政治家梭伦访问吕底亚王国的时候，克洛伊索斯问他谁是世界上最幸福的人。梭伦说了几个人，其中就是没有克洛伊索斯。克洛伊索斯问其缘由，梭伦回答：

> “天有不测风云，人有旦夕祸福。只有一个人直到幸福地结束了生命，才算得上是幸福。不管什么事情，都要看他的结尾。”〔1〕

克洛伊索斯把梭伦的话告诉居鲁士，居鲁士听了，颇受启发，命人放了克洛伊索斯。克洛伊索斯看到波斯人正在烧毁城市，就问居鲁士这些人在干什么。居鲁士说：“他们正在掠夺你的城市并拿走你的财富。”克洛伊索斯说：“已经不是我的财富了，他们在掠夺你的财富。”居鲁士大吃一惊，立刻命令停止抢夺。

于是，克洛伊索斯从一个失败的国王变成一个成功国王身边的智者。

---

〔1〕 于卫青：《波斯帝国》，中国国际广播出版社 2014 年版，第 44 页。

第二节　琥珀合金币和金银分离术

据说，公元前 640 年，巨吉斯的儿子阿尔杜斯统治时期，吕底亚王国生产出西方世界上最早的钱币——琥珀合金币。到了克洛伊索斯统治时期（公元前 560 年至公元前 546 年），吕底亚王国掌握了金银分离术，从琥珀合金中提炼出黄金和白银，制造出纯金币和纯银币。然而，这传说并不靠谱。吕底亚王国的钱币，与其他各国的钱币一样，也是从称量货币长期发展演化而产生，其重量标准也是采用了称量货币的单位标准。

一、阿尔杜斯的琥珀合金币

巨吉斯建立的梅尔姆纳得斯王朝政治稳定、经济繁荣。巨吉斯和他的儿子阿尔杜斯两人相继统治总计 87 年。其中，巨吉斯在位 38 年（公元前 716 年至公元前 678 年）；阿尔杜斯在位 49 年（公元前 678 年至公元前 629 年）。正是在阿尔杜斯统治时期，公元前 640 年，吕底亚王国生产出西方世界上最早的钱币——琥珀合金币。

尽管阿尔杜斯创造了西方世界最早的钱币，而钱币有效地促进了商品生产和交换。但是，后世人们并不熟悉阿尔杜斯的名字。后世人们熟悉的名字是阿尔杜斯的重孙子克洛伊索斯。

克洛伊索斯是吕底亚王国的最后一位国王。公元前 560 年，吕底亚王国的王位从阿尔杜斯的儿子萨杜阿铁斯、孙子阿律阿铁斯二世传到重孙子克洛伊索斯手里。

克洛伊索斯之所以被后世人们熟悉，不是因为他有多么伟大的功绩，而是因为他有一个很大的失败。克洛伊索斯失去了他的祖先千难万险采用血腥手段得来的国家。

琥珀合金币是使用萨迪斯河里的金银合金制造的，金属成分三金一银，单位名称“斯塔特”(STATER)，重量大约14克，相当于当时1个士兵1个月的饷金。

克洛伊索斯执政时期，吕底亚王国制造的纯金币重量大约8克；纯银币重量大约11克。

二、克洛伊索斯的金银分离术

克洛伊索斯统治时期，吕底亚王国有纯金币和纯银币，还有琥珀合金币，这些种类的钱币有出土实物证据。有关的故事，出自希罗多德《历史》的记载。

克洛伊索斯从美丽的琥珀合金里提炼黄金和白银，用来制作纯金币和纯银币，听上去十分浪漫，分析起来很不靠谱儿。

从地中海沿岸的古希腊诸城邦，到印度西北部的印度河流域，传统钱币以银币为主。其原因是：早在钱币发明之前的一千多年里，从两河流域到小亚细亚半岛，从伊朗高原到印度河流域，广泛流通着白银称量货币。正是白银称量货币的长期发展，演化出白银数量货币——钱币。

公元前19世纪，赫梯王国在小亚细亚半岛出现，经过百年的发展，逐步扩大到几乎整个半岛。赫梯王国一经出现，就进入了铁器时代，并依靠铁器优势，成为世界强国。公元前1595年，赫梯人攻入巴比伦城，消灭了古巴比伦第一王朝。古巴比伦王国的商品交换采用白银称量货币。在《汉谟拉比法典》的282个条文中，使用白银称量货币的地方有109处，说明古巴比伦王国的白银称量货币流通十分繁盛。赫梯王国消灭了古巴比伦王国，继承了古巴比伦王国的白银称量货币制度，在15世纪撰写的《赫梯法典》200个条文中，使用白银称量货币的地方有167处。古巴比伦人的白银称量货币单位是舍客勒，重量8.33克，赫梯人的白银称量货币单位是半舍客勒，重量4.17克。货币单位的下降，说明更多的民众获得了使用白银称量货币的经济能力，赫梯的白银称量货币流通，比古巴比伦王国的白银称量货币流通更为广泛。

公元前12世纪，赫梯王国瓦解，吕底亚王国从赫梯王国中独立出来。又经历了600多年的发展，吕底亚王国逐步扩张到几乎整个小亚细亚半岛，国力日益强大，经济越发繁荣，成为世界上最富有的王国，白银称量货币的发展，也达到空前鼎盛。

在这个时候出现的纯金币和纯银币，其金银主要原料，不会是从琥珀合金中提炼出来的，而是吕底亚王国长期积累的。

三、核心钱币是斯塔特金币

吕底亚王国的钱币不是起源于琥珀合金币，而是起源于金币。因为，吕底亚王国只有金币继承了黄金称量货币的单位制度。

早在公元前20世纪前后，在地中海沿岸，从埃及人、赫梯人，乃至古希腊的迈锡尼人，都长期使用黄金和白银作为他们的财富储藏手段和商品交换媒介。吕底亚人最早的钱币，是继承了赫梯人舍客勒重量标准的金币。舍客勒重量8.33克，扣除成本和铸币税，吕底亚王国最早的斯塔特金币重量大约8克。这个重量，正好与克洛伊索斯时期的纯金币斯塔特单位重量标准相符合。

此时，黄金和白银的比价是1:13.3，即1舍客勒黄金兑换13.3舍客勒白银。

吕底亚王国规定，1枚斯塔特金币兑换10枚斯塔特银币。8.33克 ×13.3÷10=11.08克，去掉成本和铸币税，1枚斯塔特银币的重量应该在11克左右。这个重量，正好与克洛伊索斯时期的纯银币斯塔特单位重量标准相符合。

吕底亚王国琥珀合金币的名称，显然不是从琥珀合金称量货币名称而来，人们称其为斯塔特（Stater，意思是标准），表示这是标准重量的钱币。

克洛伊索斯时期，小亚细亚半岛上流通着纯金币和纯银币，还有琥珀合金币，应该是真实的。因为有出土的古钱币为证。也许，吕底亚人在萨迪斯河里淘金，使用琥珀合金提炼纯金和纯银，也是真实的。但是，克洛伊索斯制造纯金币和纯银币的主要原料，一定还有另外的来源。金银冶炼技术在克洛伊索斯时期一千多年之前就已经出现，克洛伊索斯使用原有的冶炼方式，并以社会储存的黄金和白银作为主要的制币原料，制造纯金币和纯银币，而不是从琥珀合金中采用金银分离术提炼黄金和白银，作为主要的制币原料，制造纯金币和纯银币。

四、吕底亚首次发行钱币的纪念币

土耳其人认为，世界第一枚钱币是吕底亚王国制造的，时间是公元前640年。1983年，土耳其共和国发行500里拉流通纪念币，纪念吕底亚王国首次发行钱币。纪念币正面的图案仿照吕底亚王国古钱，狮头与牛头相对，周围有土耳其文和英文两行文字："世界第一枚钱币：安纳托利亚——吕底亚：公元前640年"；背面的图案是麦穗和橄榄枝围绕的文字："500里拉"。

狮头与牛头相对的钱币，是吕底亚王国克洛伊索斯时期钱币的特色。我们见到的这种钱币是萨迪斯造币场生产的，有纯金币和纯银币。

币32：吕底亚王国克洛伊索斯斯塔特纯金币，公元前560年至公元前546年生产，重量8.70克，正面是狮头与牛头相对，背面有两压印。

币33：吕底亚王国克洛伊索斯斯塔特纯银币，公元前560年至公元前546年生产，重量10.66克，正面是狮头与牛头相对，背面有两压印。

钱币背面的两个方形的戳记，似乎是为了打制钱币而形成。

英国货币学家伊恩·卡拉代斯在他的著作中也讲到吕底亚王国的钱币。他认为，这些钱币不一定是吕底亚人制造的，也可能是古希腊移民制造的。至于钱币上打印图徽戳记的目的，他认为，还有待于进一步研究。

> "在预先称量好的贵金属块上加盖戳记以认证其价值，是促成其作为钱币流通的一个合乎逻辑的步骤，但加盖戳记的本来目的究竟是作为支付的媒介，还是用于贸易交换，抑或价值存储，又或为了宗教供奉（需知以弗所钱币的出土地点是一座神庙的地基），还无法下结论。"〔1〕

第三节　出土的吕底亚王国钱币

关于钱币的起源，众说纷纭，难辨真伪。所以，我们只能依据出土实物。目前出土的西方世界最早发行的钱币是吕底亚王国的琥珀合金币。

---

〔1〕［英］伊恩·卡拉代斯：《古希腊货币史》，黄希韦译，法律出版社2017年版，第18页。

公元1904年至公元1905年，大英博物馆在小亚细亚海岸以弗所（今土耳其西南部）的阿耳特弥斯神庙进行考古发掘，出土了近100枚吕底亚王国早期钱币。

一、“以弗所”神庙出土的琥珀合金币

根据对同批出土的相关文物进行考证，这批钱币埋藏的时间不晚于公元前6世纪中期，甚至更早。这些钱币的主要成分是金银合金，其中有：（1）未经标志的白银或琥珀合金块；（2）一面有戳记的钱币；（3）一面有戳记，另一面有粗糙图案的钱币。这些不同类型的钱币被认为是钱币早期演进不同阶段的产物。

这些钱币的图案多种多样，大多是动物或动物的部分躯体。有些钱币上还镌刻了字母。这批钱币的出土，证实了希罗多德在《历史》一书中所说的：吕底亚人是最早制造和使用金银钱币的人。

> 依照我们所了解的，他们是最早铸造和使用金银货币的人。[1]

吕底亚人创造了标准重量和标准成色的金属钱币，有利于生产的计划和核算，便利了商业活动，从而促进了商品生产和交换的发展。很快，钱币的制造和使用便从小亚细亚半岛跨过地中海传到古希腊在地中海沿岸的各个城邦。

---

〔1〕［古希腊］希罗多德：《历史》，周永强译，陕西师范大学出版社2008年版，第42页。

二、吕底亚王国的斯塔特钱币

吕底亚王国生产出西方世界最早的钱币——琥珀合金币，单位是斯塔特，并且还生产出纯金币和纯银币，单位也是斯塔特。

克洛伊索斯的父亲阿律阿铁斯统治末期，公元前 561 年，吕底亚王国生产出一种狮头琥珀合金币。

币 34：吕底亚王国阿律阿铁斯 1/3 斯塔特琥珀合金币，公元前 561 年生产，重量 4.68 克，正面是怒吼狮头，背面是压印。

这枚斯塔特的实测重量为 4.68 克，属于 1/3 斯塔特币，那么，1 斯塔特的重量就是 14.04 克，基本符合斯塔特重量标准。到了克洛伊索斯统治时期（公元前 560 年至公元前 546 年），吕底亚王国出现了纯金币和纯银币，都是在萨迪斯造币场生产的。

除了都城萨迪斯，吕底亚王国控制下的爱奥尼亚地区，生产琥珀合金币的时间也很早。

爱奥尼亚 (Ionia) 位于吕底亚王国的西南方，是古希腊时代对今天土耳其安那托利亚西南海岸地区的称呼，即爱琴海东岸的古希腊爱奥尼亚人定居地。爱奥尼亚的著名城市有以弗所、米利都，另外还包括萨摩斯岛。公元前 7 世纪，爱奥尼亚被吕底亚王国控制。公元前 546 年，波斯帝国的军队侵入爱奥尼亚。公元前

500 年，爱奥尼亚人发动了反抗波斯人的起义。公元前 484 年，历史之父——希罗多德就出生在这个地区。

吕底亚王国阿尔杜斯统治时期，爱奥尼亚就开始生产琥珀合金币。

币 35：爱奥尼亚斯塔特琥珀合金币，公元前 650 年至公元前 600 年生产，重量 14.52 克，正面是条纹，背面是 3 个压印。

小亚细亚半岛西部河流中有金银沙粒，这种沙粒并非只是吕底亚王国的首都萨迪斯城里河流中所独有。

三、神秘的古钱——法涅斯币

吕底亚王国是从赫梯王国中独立出来的古国，不是希腊城邦。但是，吕底亚王国后期，梅尔姆纳得斯王朝攻占了小亚细亚半岛上的几乎所有希腊城邦。所以，吕底亚王国的琥珀合金币上，币文多是古希腊字母。琥珀合金币中，最著名的有币文的钱币，就是铭文"法涅斯"等字样的钱币。

币 36：爱奥尼亚以弗所 1/3 斯塔特琥珀合金币，公元前 620 年至公元前 600 年生产，重量 4.72 克，正面图饰是公鹿吃草，币文"ΦΑΝΕΟΣ"（of phanes，属于法涅斯）。

法涅斯（ΦΑΝΕΟΣ，phanes）的词义是生命之神、光明之神，引申为生命之神赐予的礼物，是可以作为人名的。所以，有学者认为，法涅斯是个商人的名字。法涅斯币共有7种币值，从1斯塔特到1/96斯特特，其中最大的两种面值的钱币上的币文为“ΦΑΝΕΟΩ ΕΜΙΣΗΜΑ，I am zhe badge of phanes”（我是法涅斯的印记）。其余面值的钱币上的币文为“ΦΑΝΕΟΩ，of phanes”（属于法涅斯）。

英国货币学家伊恩·卡拉代斯说：

> 后者的图案是正在吃草的雄鹿，并带有铭文“吾乃法涅斯（phanes）之徽”。这种钱币的来历并不确定，但是一个非常合理的观点认为，它们是卡里亚（CARIA）的哈利卡纳索斯（halicarna-ssus）制造的，因为在该城发现了同类的钱币，且该城后来出了一位雇佣军头领名叫法涅斯。[1]

四、米利都制度和吕基亚制度

小亚细亚半岛上的琥珀合金币，在重量方面，存在两种制度：一是米利都制度（milesian standard）；二是吕基亚制度（phokaic

〔1〕［英］伊恩·卡拉代斯：《古希腊货币史》，黄希韦译，法律出版社2017年版，第17~18页。

standard)。

米利都位于小亚细亚半岛西端，濒临爱琴海，在以弗所的南方，是爱奥尼亚地区的一个滨海城邦。公元前1500年前后，一些从克里特岛来的移民定居在此，用克里特岛上的一个地名将这个地区命名为“米利都”。据说，米利都是克里特王米诺斯的弟弟。米诺斯害怕弟弟篡位，将米利都逐出，米利都来到小亚细亚半岛西南海岸建立了米利都城邦。公元前10世纪，米利都成为爱奥尼亚12城邦之一。公元前7世纪末，古希腊著名哲学家泰勒斯在此创立朴素唯物论，称“米利都学派”。吕底亚王国的琥珀合金币斯塔特的重量标准，采用米利都制度，理论重量14.1克。

币37：爱奥尼亚米利都斯塔特琥珀合金币。公元前575年生产，重量13.99克，正面是方框中卧狮回首像；背面是3个压印，上面有球头十字，中间是走狐，下面是鹿首。

吕基亚位于小亚细亚半岛西南端，面对罗得岛，吕基亚人是赫梯人的盟友。在赫梯帝国崩溃后，吕基亚作为一个独立王国发展起来。按照希罗多德的说法，“吕基亚”这个名字源于雅典国王潘狄翁二世的儿子吕科斯的名字。在古典时代，吕基亚地区从未被统一于一个政权之下，而是由许多独立城邦组成的联合体。吕基亚有着与米利都不同的重量制度。吕基亚制度下的琥珀合金币，理论重量 16.1 克。

币 38：克孜柯斯（kyzikos）斯塔特琥珀合金币，公元前 500 年至公元前 475 年生产，重量 16.00 克，正面是公狮头像，头下方是金枪鱼；背面是风车压印。

克孜柯斯位于小亚细亚半岛西端北部，其琥珀合金币闻名于古希腊世界。克孜柯斯距离南部的吕基亚比较遥远，距离西部的米利都较近。但是，克孜柯斯制造琥珀合金币采用吕基亚重量制度，而不是米利都重量制度。

第四节　钱币制度传入伊朗高原

公元前 640 年，吕底亚王国创造了西方世界最早的钱币。大约 100 年后，波斯帝国崛起，吞并了吕底亚王国，继承了吕底亚王国的钱币制度。又过了数十年，波斯帝国的贵族大流士（DARIUS），通过宫廷政变成为国王。为了镇压各地武装起义，大流士国王发行大流克（DARIC）金币，用以支付军费。这些金币是严格依循波斯帝国舍客勒(SHEKEL)重量标准制造的，重量8.33克，比吕底亚王国的斯塔特金币更接近舍客勒重量标准。

一、大流士发动的宫廷政变

波斯帝国指的是公元前550年至公元前330年古波斯人建立的帝国，不包括后来的帕提亚帝国(公元前274～公元224年)和萨珊帝国(公元224～651年)。

公元前558年，居鲁士以帕萨加迪为中心，在波斯称王。从此，波斯人在居鲁士的领导下开始了反抗米底人的斗争。据传说，居鲁士是米底国王阿司提阿格斯的女儿芒达妮的儿子。公元前550年，居鲁士打败了他的外祖父，取代米底获得了对伊朗高原西部的统治权，并将其外祖父连同米底王宫里的黄金、白银以及各种财宝运回波斯。据说，这个阿司提阿格斯是吕底亚国王克洛伊索斯的亲戚。居鲁士不仅抓了自己的外祖父，而且还抓了吕底亚国王的亲戚，克洛伊索斯便率领军队前来报仇。

不料，克洛伊索斯败给了居鲁士。居鲁士将吕底亚划为波斯的一个行省。公元前539年，居鲁士攻陷巴比伦。公元前530年，居鲁士攻打马萨革太人，战死疆场。于是，居鲁士的儿子冈比西斯[1]即位。

公元前525年，冈比西斯率军攻入埃及，在埃及疯狂实行暴政。想不到的是，他的弟弟巴尔迪亚在波斯发动了政变，做了国王。冈比西斯只好返回波斯，不幸在回去路上去世了。冈比西斯

〔1〕 冈比西斯，即冈比西斯二世，一般称冈比西斯，是波斯帝国的第二代君主。

的堂侄大流士回到波斯，联合一些贵族发动了一场宫廷政变。大流士声称，冈比西斯出征埃及前处死了巴尔迪亚，这个当了国王的巴尔迪亚是波斯宫廷总管高墨塔冒充的。贵族们在宫廷政变中杀死了巴尔迪亚，或者说是杀死了冒充巴尔迪亚的宫廷总管高墨塔，拥立大流士做了国王。

大流士搞宫廷政变杀死了巴尔迪亚或是冒充巴尔迪亚的宫廷总管高墨塔，成为国王，各国藩邦并不屈服，波斯、巴比伦、埃兰、米底、亚述、埃及、帕提亚、马尔吉安那、撒塔吉、西徐亚等地都爆发了起义。大流士用了1年多的时间，经过大小19场战争，擒获9个国王，10多万人战死沙场，才把这场震荡天下的大起义镇压下去。

事后，大流士国王做了一些宣传，最著名的是《贝希斯敦铭文》，刻在米底贝希斯敦地方的高岩上。他在铭文中说：

> 冈比西，居鲁士之子，出自我们的氏族，曾是这里的国王。冈比西有个兄弟，名巴尔提亚，与冈比西同父同母。冈比西杀死了巴尔提亚。当冈比西杀死了巴尔提亚的时候，人民还不知道巴尔提亚已被杀害。与此同时冈比西向埃及出发了。当冈比西向埃及出发的时候，人民骚动起来，在国内，在波斯，在米底，也在其他各省，发生了巨大的恶祸。[1]

---

〔1〕 林志纯主编：《世界通史资料选辑：贝希斯敦铭文》，商务印书馆1962年版，第178页。此处摘自该书的直接引语与现代史书中的人名、事件叙述不一致，两者皆不宜修改，仅供读者参考。

早在吞并吕底亚王国时，波斯人就开始发行钱币。公元前522年，大流士发动宫廷政变，成为国王。就在这一年，为了支付镇压各地起义所需的军费，大流士开始制造自己的钱币“大流克”。

二、“大流克”金币的重量标准

大流士发行的大流克金币，理论重量折合现代8.33克。

波斯人的重量单位起源于用手捧起麦粒的重量。用手捧起麦粒的最大量，可以达到250克。两捧麦粒的重量为500克，这就是波斯重量单位“弥那”（MINA）的由来。

弥那这个重量单位的确立，可以追溯到公元前21世纪两河流域的乌尔第三王朝。公元前2096年至公元前2047年，乌尔第三王朝的国王舒尔基（SHULGI）在苏美尔重量制度的基础上确立了弥那重量标准。公元前605年至公元前562年，新巴比伦王国的国王尼布甲尼撒二世找到了一个舒尔基的两弥那石制砝码，将它复制，确定为新巴比伦王国的重量标准。公元前539年，居鲁士消灭了新巴比伦王国，继承了新巴比伦的重量标准。根据出土石制砝码考证，一枚名曰“大流士宫殿”的石制砝码表明：公元前522年至公元前486年的波斯国王大流士使用的弥那重量标准折合现代500.2克。

弥那被等分为60个舍客勒，每个舍客勒的重量为8.33克。舍客勒是波斯国王大流士时期重量制度的基本单位。波斯国王大流士就是根据舍客勒的标准重量制造了大流克金币。

重量制度的更大单位是弥那。弥那可以用来称量黄金，也可以用来称量粮食。当然，人们称量粮食还需要有更大的重量单位。于是，60 个弥那是 1 个他连得（TALENT），1 个他连得的重量折合现代 30,000 克。

舍客勒更古老的称谓是“琴”（GIN）；他连得更古老的称谓是“冈”（GUN）。

舍客勒是黄金重量制度的基本单位。黄金重量制度的更小单位是“色”（SE），大约是 1 个麦粒的重量。1 个舍客勒可以等分为 180 个色。然而，古波斯人更喜欢使用数字 360，这可能是因为考虑粮食收成与 1 年 360 个日夜有关。于是，在波斯帝国，1 个舍客勒被等分为 360 个“半色”。

三、波斯“舍客勒”与中国“秦半两”

与波斯帝国的情况一样，中国古代也用手捧粮食的数量作为重量单位的标准。《小尔雅》曰：“一手之盛谓之溢，两手谓之掬。”

波斯帝国时期，正值中国春秋战国，中国南方楚国的黄金重量制度采用“益”为单位，重量 250 克，与波斯帝国半个弥那恰好相同。此标准有出土“楚国铜环权”证实，毋庸置疑。

中国西汉时期（公元前 206 年至公元 24 年），1 斤为 250 克，有出土铜权证实。当时，120 斤为 1 石，折合现代 30,000 克，与波斯帝国的重量单位他连得恰好相同。

中国古代很少使用黄金，而是使用铜钱。因此，中国古代重量制度的使用，多用于称量铜金属。中国古人喜欢用“两”来计算数量，两个单位为 1 两，1 个单位就是半两。所以，半两是中国古代最基本的重量单位。西汉时期，半两的重量是 7.8125

克。秦朝及西汉初期使用的铜钱，铭文“半两”，后世称为“秦半两”。

半两是中国古代重量制度的基本单位，重量制度的更小单位是铢，大约是100粒粟的重量。半两就是12铢，大约是1200粒粟的重量。1粒粟的理论重量是0.00651克，与两河流域1粒大麦重量0.0463相比，1粒大麦的重量等于7.11粒粟的重量。

中国西汉时期的重量单位“石”与波斯帝国的重量单位“他连得”重量相同；中国西汉时期的重量单位“两斤”与波斯帝国的重量单位“弥那”重量相同。比“斤”更小的重量单位，即重量制度最基本的单位，在波斯帝国是“舍客勒”；在中国秦汉是“半两”。然而，这两个最基本的重量单位之间却出现了差异。

为什么两者重量之间出现了差异？原因是中国人使用2进制，而波斯人使用60进制。

中国人使用2进制，重量单位以半数等级递减，依次为：1斤（16两）、8两、4两、2两、1两、半两、1分。所以，中国的1斤被等分为32个半两。半两成为中国重量制度的最基本单位。1斤250克，半两就是7.8125克。

波斯人使用60进制，重量单位以60的倍数等级递减，依次为：1他连得等分为60个弥那，1弥那等分为60个舍客勒。半弥那等同于中国的1斤，被等分为30个舍客勒，而不是32个舍客勒。舍客勒是波斯帝国重量制度的最基本单位。半弥那250克，1舍客勒就是8.33克。

于是，我们将波斯帝国重量制度的最基本单位“舍客勒”与中国重量制度的最基本单位“半两”相比，两者重量相差了

0.5175 克。

四、“大流克”金币的形制和纹饰

公元前 546 年，波斯帝国消灭了小亚细亚半岛上的吕底亚王国，从此开始生产钱币。此时，吕底亚王国已经有琥珀合金币、纯金币和纯银币。

大流士国王最早铸造的金币被称为“大流克”。从此，大流克成为金币的名称。直至波斯帝国灭亡，波斯帝国生产的金币都被称为大流克。大流克金币的形制仿照吕底亚王国的斯塔特金币，重量相近，风格赋以东方色彩，正面的图案是东方国王或武士持弓持矛持刀半跪像，背面为印记，没有币文。大流克金币主要用于发放陆军军饷，流行于小亚细亚半岛。

此外，波斯帝国还发行了银币，主要用于发放海军军饷。银币被称为西格罗斯（SIGLOS），即希腊语的舍客勒（SHEKEL）。1 枚大流克金币等于 20 枚西格罗斯银币。当时黄金和白银的比价是 1:13.3，即 1 舍客勒黄金兑换 13.3 舍客勒白银。

波斯帝国规定，1 枚大流克金币兑换 20 枚西格罗斯银币。8.33 克 ×13.3÷20=5.539 克，这是西格罗斯银币的理论重量。去掉成本和铸币税，1 枚西格罗斯银币的实际重量大约在 5.5 克左右。这个重量，与出土的波斯帝国西格罗斯银币的实测重量大体相符。

波斯帝国的大流克金币的理论重量为 8.33 克，西格罗斯银币的理论重量为 5.539 克。与其他各国的情况一样，实际重量一般比理论重量要轻一些。下面，我们用几枚波斯帝国的钱币来说明这个情况。

币 39：大流克金币，公元前 490 年至公元前 400 年在波斯造币厂生产，重量 8.28 克，正面图案是年迈国王头戴芒冠一手持弓一手持矛面右半跪像。

公元前 490 年，大流士国王还在，至公元前 400 年，先后共 7 个国王相继在位。

币 40：大流克金币，公元前 400 年在波斯造币厂生产，重量 8.20 克，正面图案是无须年轻国王头戴毡帽一手持弓一手持矛面右半跪像，背面是隐约可见的森林之神潘（PAN）的小型头像。

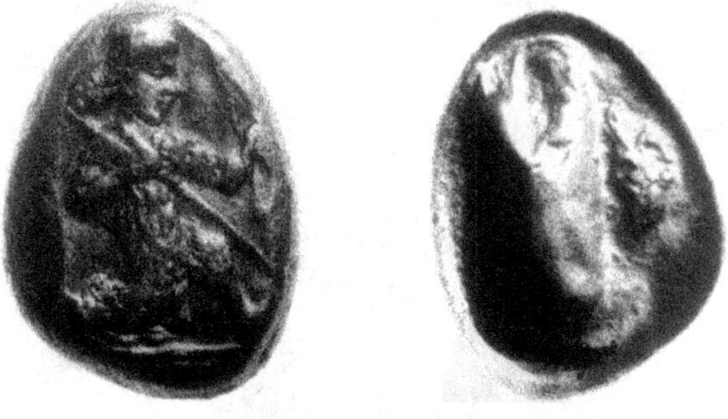

公元前 400 年，大流士第 4 代孙阿塔薛西斯二世（公元前 404 年至公元前 359 年）在位。阿塔薛西斯在位 45 年，执政时间

很长，他死后近 30 年，波斯帝国就灭亡了。

币 41：二大流克金币，公元前 330 年在巴比伦造币厂生产，重量 16.67 克，正面图案是国王头戴芒冠一手持弓一手持矛半跪像，身后有希腊字母 ΦI。

公元前 330 年，正是波斯帝国灭亡的这一年。马其顿的亚历山大大帝追击大流士三世。大流士三世被自己的部将杀害，波斯帝国灭亡。

1 枚二大流克金币重量 16.67 克，1 枚大流克金币的重量就是 8.34 克。这说明，直到波斯帝国灭亡前夕，大流克金币仍然是足重的。

币 42：西格罗斯银币，公元前 515 年至公元前 490 年在波斯造币厂生产，重量 5.4 克，正面的图案是有须头戴芒冠国王一手持弓一手抱箭袋面右半跪像。这枚银币是大流士一世时期的钱币。

币 43：西格罗斯银币，公元前 375 年至公元前 340 年生产，重量 5.52 克，正面的图案是有须头戴芒冠国王一手持弓一手持匕首面右半跪像，外套上有三环装饰。这是波斯帝国后期的钱币。

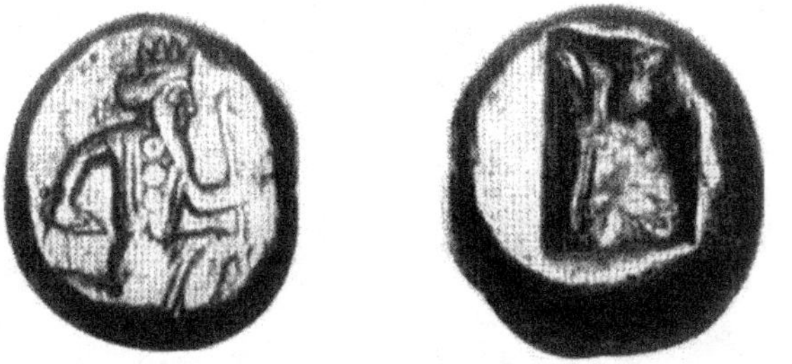

就波斯帝国的西格罗斯银币而言，直到波斯帝国灭亡前夕，也仍然是足重的。

第四章

古希腊的德拉克马钱币

两河流域的白银称量货币制度传入小亚细亚半岛，经历了一千多年的发展，在吕底亚王国生产出西方世界最早的钱币——斯塔特（STATER）琥珀合金币。斯塔特钱币制度从吕底亚王国传入临近的岛屿——埃伊纳、萨摩斯、克里特，与古希腊各城邦不同标准的德拉克马（DRACHMA）接轨，出现了更多类型的钱币。公元前6世纪中期，斯塔特钱币制度和德拉克马钱币制度传遍了古希腊的众多城邦。

第一节　古希腊德拉克马重量标准

古希腊的基本称量单位是德拉克马。在古希腊各城邦之间，德拉克马有着不同的标准。其中影响比较大的，是小亚细亚西部沿海希腊城邦的德拉克马重量标准和雅典城邦所在的阿提卡地区的德拉克马重量标准。

一、地中海沿岸的古希腊城邦

古代希腊即“古希腊”，也称为“爱琴世界”，地理范围包括希腊半岛、爱琴海的岛屿、小亚细亚西部沿海地区、黑海沿岸、南意大利和西西里岛。

希腊，古称“希腊斯”（Hellas），最初是一个地理概念，位于传说中希腊始祖希伦（Hellen）及其部落聚居的色萨利南部弗提奥提斯地区。随着希伦和他的儿子们在弗提奥提斯势力的增长，其他部落称其为“希腊人”（Hellenes）。荷马史诗《伊利亚特》中，希腊人的称谓仅用于指阿喀琉斯麾下的弗提奥提斯地区的人。

到了公元前 8 世纪至公元前 6 世纪的古风时代，随着希腊各地在政治、经济、文化、宗教信仰等方面的交往和融合，“希腊人”才成为希腊各部族共同的称谓，“希腊斯”也就成为古代希腊人对其所生活居住地区的通称。

后来，古罗马人把当时希腊人聚居的南意大利和西西里岛统称为“Magna Graecia”（大希腊），称希腊人为“Graeci”。今天的英文“Greece”（希腊）和“Greeks”（希腊人）二词便是由此而来。

古希腊的钱币源于地中海东岸的吕底亚王国。英国钱币学家卡拉代斯在他的专著《古希腊货币史》前言中的第一句说：

> 古希腊造币于公元前7世纪晚期发轫于小亚细亚吕底亚地区。[1]

小亚细亚半岛在亚洲西端，爱琴海东岸，隔海遥对巴尔干半岛。公元前8世纪，小亚细亚西部沿海地区已经出现了一些希腊殖民城邦。然而，吕底亚王国并不是希腊城邦，而是从赫梯王国分裂出来的、历史悠久的古国。当时的吕底亚王国是世界上最富庶的国家。公元前7世纪，吕底亚王国吞并了小亚细亚半岛上的几乎所有古希腊城邦，并开始生产琥珀合金币。公元前6世纪中期，吕底亚王国已经制造出纯金币和纯银币。吕底亚王国的银币一经出现，便迅速传入古希腊众多城邦。卡拉代斯说：

> 始于公元前6世纪中期的银币的戏剧性普及，则本质上无可置疑的是一种希腊现象。截至公元前6世纪晚期，在爱琴海诸岛和希腊大陆部分，向北至马其顿和色雷斯，向西至南意大利和西西里岛的希腊定居地，向东至塞浦路斯岛和北非海岸昔兰尼，都在打造银币。[2]

---

〔1〕［英］伊恩·卡拉代斯：《古希腊货币史》，黄希韦译，法律出版社2017年版，第1页。

〔2〕［英］伊恩·卡拉代斯：《古希腊货币史》，黄希韦译，法律出版社2017年版，第19～20页。

二、德拉克马与弥那的关系

受两河流域及小亚细亚重量制度的影响，古希腊采用弥那（MINA）作为重量单位，与本土的重量单位德拉克马联用，1弥那等于100德拉克马。在两河流域以至小亚细亚半岛，1弥那重量标准为500克。但是，到了古希腊的重要城邦——雅典，1弥那重量标准就只有437克了。

雅典是古希腊最重要的城邦，其重量单位“德拉克马”的重量标准为4.37克，100德拉克马为1弥那，重量437克。500克 $\div 8 \times 7 \approx 437$ 克。古希腊1弥那的重量标准只有两河流域1弥那重量标准的7/8，少了63克。为什么会有这样的差距？据说，这事情与雅典第一任执政官梭伦（SOLON）的改革有关。

公元前600年前后，年约30岁的梭伦被任命为军事指挥官，统帅部队，一举夺下萨拉米斯岛。从此，梭伦走上雅典的政坛。公元前594年，梭伦出任雅典城邦的第一任执政官，开始修订法律，进行改革，史称“梭伦改革”。执政官任满后，梭伦周游世界，去过许多地方，写了许多诗歌。梭伦改革内容很多，其中有对度量衡和借贷利率的改革，规定借贷利率为12.5%。于是，借款人借1弥那500克，却只能拿到1弥那437克，差额63克，便是本金500克的12.5%的贴息。

这传说也许并不可靠。不过，两河流域1弥那500克，古希腊雅典1弥那437克，却是可信的。两者之间7/8的关系，可能是一个巧合。

在古希腊各城邦，重量单位奥波（OBOL）也被用作货币单位。1 枚德拉克马等于 6 枚奥波。更大一些的货币单位是斯塔特(STATER),2 枚德拉克马等于 1 枚斯塔特。

三、各城邦德拉克马的不同标准

古希腊的钱币源于吕底亚王国。吕底亚王国的钱币,主要是琥珀合金币;而古希腊诸城邦的钱币,则主要是银币。吕底亚王国的钱币单位是斯塔特;古希腊诸城邦的钱币单位则是德拉克马。

德拉克马是重量单位,也是货币单位。在古希腊语中,德拉克马的意思是"一把",应该是指一把麦粒的重量。

赫尔茨在其《古代希腊和罗马度量衡文献》中引用医学家盖伦(公元 129 ~ 216 年)的一段话说:

> 1 德拉克马等于 18 克拉特,或按别人的说法,3 格拉玛,1 格拉玛等于 2 奥波,1 奥波等于 3 克拉特,1 克拉特包含 4 颗谷物。

从这里看,与古波斯的情形一样,古希腊的重量制度也是源于人们对谷物多少的测量。一把麦粒究竟抓了多少颗?按照盖伦的说法,一把麦粒是 72 颗。两河流域 1 舍客勒重量 8.33 克,等于 180 颗麦粒的重量。那么,两河流域 1 颗麦粒的重量为 0.0463 克,72 颗麦粒的重量为 3.33 克。由此可见,古希腊的德拉克马的重量应该是 3.33 克。但是,除了小亚细亚西部沿海一带的希腊城邦,以及邻近的岛屿——萨摩斯,古希腊其他城邦的德拉克马银币的重量大多在 4 克以上。

古希腊各城邦有着各自不同的德拉克马重量标准。最主要的德拉克马重量标准有两个:(1)盖伦所说的德拉克马重量标准,指的是小亚细亚西部沿海的一些希腊城邦的重量标准和邻近岛屿萨摩斯岛上的希腊城邦的重量标准。在这些地方,1 德拉克马的重量为 3.33 克,相当于 72 颗麦粒的重量。(2)位于阿提卡地区的雅典城邦,1 德拉克马的重量是 4.37 克,相当于 94 颗麦粒的重量。这个重量标准被古希腊许多城邦所采用。

其他地区的希腊城邦,有着更多种类的德拉克马重量标准。然而,对于古希腊众多城邦而言,雅典城邦的重量标准更具有代表性和影响力。

四、德拉克马重量的阿提卡标准

雅典位于巴尔干半岛南端阿提卡的中心平原地区,三面环山,一面傍海。

古希腊钱币源于吕底亚王国的琥珀合金币,而古希腊钱币的广泛传播则应归功于古希腊人的海上贸易。雅典是巴尔干半岛南端最重要的港口。因此,雅典较早地引进了吕底亚王国的钱币制造和钱币流通。雅典建立的钱币制度对古希腊各城邦有着重要的影响。

古希腊的众多城邦有着各自不同的重量制度和重量标准。这种情形与中国古代夏商周时期各地繁杂的重量制度十分相似。夏朝的地方社会组织形式是“邑”;商朝的地方社会组织形式是“方国”;周朝的地方社会组织形式是“诸侯国”,各地方的社会组织体制从部落转为城邦，再从城邦转为国家。然而，各地方有着不同的重量制度和重量标准。直到公元前221年，秦始皇统一天下，才将各地繁杂的度量衡制度统一起来。

采用437克等于1弥那的重量标准，雅典人将1弥那白银制造成100枚德拉克马银币，每枚德拉克马银币的重量4.37克。扣除制造成本和铸币税，雅典的德拉克马一般都轻于4.37克。雅典的德拉克马银币主要有一德拉克马、二德拉克马、四德拉克马、十德拉克马。

当罗马人统治希腊世界的时候，罗马重量标准“阿斯”（AS）取代了希腊重量标准德拉克马的地位。

古希腊1弥那437克，等于16盎司，1盎司重量27.3125克。古罗马的1阿斯或者1罗马磅只有12盎司，437克 ÷ 16 × 12 ≈ 327克。

古希腊与古罗马情形，与中国战国时期楚国与魏国的情形相似。楚国1益为16两；魏国1益为20两。1两的重量为15.625克，楚国1益16两，250克；魏国1益20两，312.5克。

第二节　钱币传入古希腊克里特岛

克里特文明是古希腊文明的源头。吕底亚王国发明的钱币制度传入克里特岛，对于钱币制度在古希腊世界的传播，具有非常重要的意义。截至目前，考古发现不仅有克里特岛上的斯塔特银币、德拉克马银币，还有记载克里特岛上使用斯塔特、德拉克马、奥波银币的法典——格尔蒂法典。

一、古希腊文明的源头

古希腊的历史是古人与天神无限缠绵、亲密无间的历史。古希腊文明的源头——克里特文明更是人类文化与神话传说云山雾罩地融合在一起的文明体现。

众神之王宙斯爱上腓尼基王阿革诺耳的女儿欧罗巴(EUROPA),便化作白牛将她诱拐到克里特岛,生下儿子米诺斯。米诺斯成为克里特岛的国王,将首都建在克里特岛中北部的克诺索斯,城中修建了巨大宏伟的宫殿。此后,这个地方名为欧罗巴,这就是欧洲名称的来源。

宙斯的哥哥海神波塞冬送来一头白牛,这头白牛与米诺斯的妻子生了一个牛首人身的怪兽米诺牛。为了囚禁这个怪兽,米诺斯派人修造了一座迷宫,将怪兽关在里面。每 7 年,雅典被迫送来 7 对童男童女,给迷宫中的米诺牛吃掉。

雅典国王爱琴的儿子提修斯充当童男来到克里特岛,得到米诺斯的女儿阿里阿德涅的帮助,杀死了米诺牛。提修斯带上公主乘船回国。由于船上信号的失误,国王爱琴以为自己的儿子已经被米诺牛吃掉,就跳海自杀身亡。提修斯成为雅典的国王。这片海被后人称为爱琴海,“希腊文明”也被称为“爱琴文明”。

似乎是神话造就了现实,更令人吃惊的事情还在后面。

1900 年,英国学者阿瑟·伊文斯来到克里特岛,挖掘出克诺索斯宫殿,发现了里面的许多陶器和壁画,便将这些发现命名为“克里特文明”。据考证,“克里特文明”在公元前 2000 年前后达到顶峰,公元前 1450 年左右被迈锡尼人摧毁。

现有考古发现克里特岛的钱币有四种，第一种是克诺索斯钱币，币文有克诺索斯（ΚΝΟΣ）字样，钱币背面有迷宫的图案；第二种是法拉萨尔马钱币，币文有法拉萨尔马（Φ–Α）字样，法拉萨尔马位于克里特岛的西端；第三种是法埃斯特钱币，币文有法埃斯特（ΦΑΙΣΤΙΩΝ）字样，法埃斯特位于克里特岛中南部；第四种是伊塔诺斯钱币，币文有伊塔诺斯（ΙΤΑΝΙΩΝ）字样，伊塔诺斯位于克里特岛的东端。

二、欧洲最古老的法典

克里特岛上曾经流通斯塔特银币，这一点，在格尔蒂法典中得到了证实。

公元前 5 世纪，希腊诸城邦日渐繁荣。克里特岛中央有一个格尔蒂城，它的北面是克诺索斯，南面是法埃斯特，东面是伊塔诺斯，西面是法拉萨尔马。这座城的居民们制定了一部法律——《格尔蒂法典》。

公元 1884 年，意大利学者 F. 哈伯海尔在克里特岛上发现了埋在地下的半圆形墙壁上刻写的格尔蒂法典，并将其发表。据考证，半圆墙壁属于公元前 1 世纪的剧场观众一侧，圆墙的直径约为 33 米。显然，这座墙壁支撑着更早时代的法庭的一部分。墙壁上保存下来的 600 多行法典残篇，堪称古代保留至今的在公共建筑上公布法典的绝好例证。

据考证，这部法典制定于公元前 5 世纪前期，是欧洲最早的法典，也是希腊世界存留下来的唯一的一部比较完整的法典。

《格尔蒂法典》中关于处罚、赔偿、支付的条文多使用斯塔特钱币。除了斯塔特钱币,《格尔蒂法典》中还使用德拉克马(DRACHMA)钱币和奥波(OBOL)钱币。在《格尔蒂法典》中,使用钱币的地方有34处,其中使用斯塔特钱币的地方有29处,占总数85.3%;使用德拉克马钱币的地方有3处,占总数8.8%;使用奥波钱币的地方有2处,占总数5.9%。可见,当时钱币流通主要使用斯塔特。例如,《格尔蒂法典》规定:

> 对男女自由人施以强暴者,罚其一百斯塔特;对阿派太洛斯施暴,罚十斯塔特。若奴隶对男女自由人施暴,则加倍罚款;若自由人对男女奴隶施暴,罚五德拉克马;若男农奴对女农奴施暴,罚五斯塔特。
>
> 企图以威逼诱奸家奴者,罚二斯塔特,若他已实施诱奸,则在白天罚一奥波,在夜间罚二奥波。

根据当时的钱币制度,1枚斯塔特等于2枚德拉克马;1枚德拉克马等于6枚奥波。

三、岛上出土的斯塔特银币

尽管《格尔蒂法典》没有说明克里特岛上的斯塔特钱币的形制标准和使用币材,我们仍然可以推断其所述斯塔特钱币是克里特岛上的居民比照吕底亚王国的斯塔特银币采用白银制造的。这一点,我们可以从考古发现的克里特岛币得到证实。例如:

币44:克诺索斯斯塔特银币,公元前425年至公元前400年生产,重量11.37克,正面是牛首人身怪兽米诺牛裸身奔跑像,币缘有连珠纹,上方币文是地名:“克诺索斯”(ΚΝΟΣ);背面是8

个迷宫，中央有芒星。

这枚银币是在吕底亚王国开始制造纯银币一百多年之后生产的。吕底亚王国的斯塔特银币重量大约为 11 克。经历了 100 多年，吕底亚王国的钱币生产技术和钱币流通制度传到克里特岛，银币的重量仍然保持在 11 克以上。

克里特岛上居民生产这枚银币的时候，吕底亚王国已经灭亡，取而代之的是波斯帝国。当时，波斯帝国使用的钱币各地不同，有大流克金币、西格罗斯银币（希腊语“舍客勒”银币）、德拉克马银币、斯塔特银币。

币 45：法拉萨尔马斯塔特银币，公元前 330 年至公元前 270 年生产，重量为 11.73 克，正面是月亮神阿耳特弥斯束头带面右头像；背面是三叉戟，其中币文为地名“法拉萨尔马”（Φ–A）。

币 46：法埃斯特斯塔特银币，公元前 300 年至公元前 270 年生产，重量为 11.32 克，正面是塔洛斯双翼裸身正面站像，两手均持石块，下方币文为人名“TAAΩN”；背面是顶撞的公牛，上方币文为地名“法埃斯特”（ΦΑΙΣΤΙΩΝ）。

塔洛斯是火神赫菲斯托斯打造的青铜巨人，用以驻守克里特岛海岸，如遇外来船只，则掷石毁之。法埃斯特位于克里特岛的中部南岸，是克里特岛的重要码头。

以上 3 枚银币：克诺索斯银币、法拉萨尔马银币和法埃斯特银币都是按照 1 斯塔特重量标准生产的银币，与格尔蒂法典所述斯塔特相符。尽管这 3 枚银币生产的时间各有差异，但其重量相差不多，分别为 11.37 克、11.73 克和 11.32 克。

四、岛上出土的德拉克马银币

此外，正如格尔蒂法典所述，克里特岛上也曾使用过德拉克马银币，即半斯塔特银币。

币 47：克里特岛伊塔诺斯（YTANOS）德拉克马银币，公元前 300 年至公元前 280 年生产，重量为 5.4 克，正面是雅典娜脊盔面左头像；背面是站鹰，右侧为人首鱼身特里同持三叉戟，左侧币文为地名“伊塔诺斯”（ITANIΩN）。伊塔诺斯位于克里特岛的最东端。

币48：克里特岛克诺索斯四德拉克马银币，公元前190年至公元前100年生产，重量为14.71克，正面是阿波罗月桂冠面左头像，左下方币文为地方官姓名“ΠΟΛ”(polchos)；背面是圆形迷宫，上方币文为地名“ΚΝΩ”。

克里特岛上的德拉克马银币，生产时间迟于斯塔特银币。此外，克里特岛上的德拉克马重量为半斯塔特，理论重量5.5克，比雅典的德拉克马重量标准重了许多。此时，雅典的德拉克马重量标准只有4.37克，两者相差1.13克。克里特岛德拉克马比雅典德拉克马重25.86%。在古希腊各城邦之间，这种差异很常见，古希腊各时期、各城邦的德拉克马重量标准各自不同，其间差异较大。

第三节　古希腊主要城邦的钱币

吕底亚王国创造了琥珀合金币、纯金币和纯银币之后，钱币制造技术和钱币流通方式迅速传入古希腊本土。由于海上贸易的盛行，钱币流通首先传入小亚细亚的临近岛屿上的古希腊城邦——埃伊纳、萨摩斯、克里特，然后进入希腊半岛——雅典、底比斯等城邦，最后传到南意大利和西西里岛。

一、埃伊纳城邦的钱币

古希腊本土最早生产的钱币，是埃伊纳城邦生产的斯塔特银币。

埃伊纳是希腊南部伯罗奔尼撒半岛东方海中的一个岛屿。不知何时，埃伊纳人在岛上建立了城邦。他们信奉阿帕伊亚神。公元前 7 世纪，埃伊纳城邦成为海上强国，与北方的雅典城邦因贸易竞争发生过多次战争。公元前 431 年，岛上居民被雅典人逐出。此后，埃伊纳岛被雅典、马其顿和罗马帝国相继统治。

埃伊纳岛在地理上可以划入伯罗奔尼撒半岛及沿海岛屿板块。

伯罗奔尼撒东南部集居着生性彪悍的斯巴达人。伯罗奔尼撒更著名的地方是西部的厄利斯（ELIS），古希腊人在那里发起了奥林匹克竞技会。

埃伊纳城邦最早生产的钱币是图案为海龟的 1 斯塔特纯银

币。这种海龟币大体上是下面钱币的样子。

币 49：埃伊纳城邦斯塔特纯银币，公元前 550 年至公元前 525 年生产，重量 12.3 克，正面是光背海龟；背面是“米”字压印。

相比“海龟币”更早的钱币，都产生在亚洲西端的小亚细亚半岛上。尽管小亚细亚半岛上生产钱币的城邦多是古希腊殖民城邦，其居民也多是古希腊人，但是在钱币诞生的时候，这些城邦都已经被吕底亚王国所统治。所以，真正在古希腊本土上最早打制的钱币，便是埃伊纳城邦生产的斯塔特银币。

很久以后，埃伊纳城邦才开始打制德拉克马银币。埃伊纳城邦打制的德拉克马银币上的图案不是海龟，而是陆龟。

币 50：埃伊纳城邦 1/2 德拉克马银币，公元前 350 年至公元前 338 年生产，重量为 2.35 克，正面是多块背甲陆龟；背面是 5 块压印，左下方有两个圆点。

根据19世纪和20世纪学者对埃伊纳城邦德拉克马重量标准的测定，源于克雷（KRAAY）和斯金纳（SKINNER）总结的数据是3.10克。这个标准与雅典德拉克马重量标准4.37克相差甚远，与小亚细亚德拉克马重量标准3.33克比较接近。

二、雅典城邦的钱币

古希腊最著名的钱币是雅典城邦的德拉克马银币。

雅典城邦位于希腊中部、爱琴海东侧的阿提卡地区，是古希腊最著名的城邦，也是古希腊文化的中心。公元前480年第二次希波战争后的伯里克利时期，雅典达到它的黄金时期，数十年内建成了卫城和帕台农神庙，并出现了一大批哲学家、文学家、戏剧家、建筑家。伯罗奔尼撒战争后，雅典逐步衰落，公元前338年落入马其顿国王腓力二世之手。

币51：雅典二德拉克马银币，公元前575年至公元前525年生产，重量8.53克，正面是女妖戈耳工正面头像；背面是4个三角压印，上方有豹头。

公元前8世纪至公元前6世纪是古希腊的古风时代，即古希腊城邦形成时期。公元前594年，梭伦当选为雅典城邦的首席执政官，实行改革。以上二德拉克马银币是梭伦改革之后不久生产的钱币。公元前 5 世纪至公元前 4 世纪，古希腊进入古典时代，发生了希波战争和伯罗奔尼撒战争。古典时代，雅典的钱币成为后世效仿的典范。雅典钱币的特色是正面有雅典娜的头盔像，背面有猫头鹰和雅典地名缩写。

币 52：雅典四德拉克马银币，公元前 449 年至公元前 404 年生产，重量 17.10 克，正面是雅典娜戴盔头像，面颊上有一阿拉米文加盖印记“M”，背面是猫头鹰站像，左上方有橄榄枝和新月，右侧币文是地名“ΑΘΕ”（雅典）。

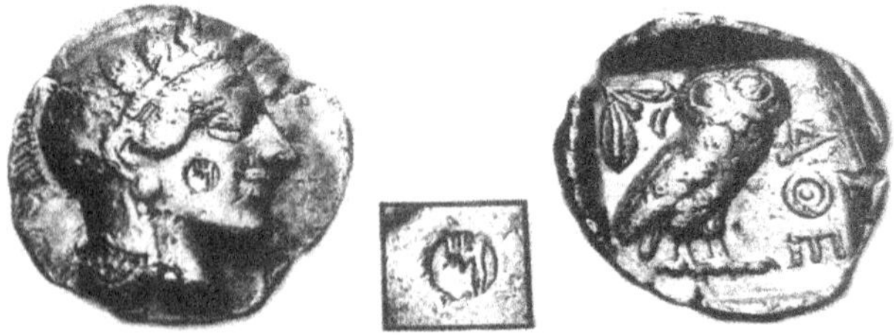

古希腊的古风时代和古典时代的分界线是公元前 480 年的第二次希波战争。猫头鹰是雅典娜的守护鸟，它夜间双目炯炯，为雅典娜传递消息，是智慧的象征。古典时代的雅典娜币，与古风时代的雅典娜币相比，突出雅典娜侧视杏状眼，橄榄枝下多出一钩新月，据说是纪念公元前 480 年萨拉米斯海湾战争中雅典对波斯的胜利，当时正值下弦月。

猫头鹰钱币流通多年，成为古希腊世界长期通用的钱币。

除了德拉克马银币，雅典还制造和使用重量在两克左右的查柯铜币。

三、底比斯城邦的钱币

底比斯位于阿提卡北方的维奥蒂亚地区，是个古老的城邦。早在14世纪中期，底比斯已经成为迈锡尼文明中一座非常重要的城市。底比斯城邦生产钱币的时间也非常早，钱币多是斯塔特银币。

币53：底比斯斯塔特银币，公元前550年至公元前500年生产，重量12.31克，正面是维奥蒂亚式盾；背面是十字形车轮，疑为底比斯地名首字“Θ”。

维奥蒂亚式盾是底比斯城邦的城徽，左右有缺口，便于长矛从中穿出，刺向敌人。

币54：底比斯斯塔特银币，公元前425年至公元前395年生产，重量12.01克，正面是维奥蒂亚式盾；背面是婴儿赫拉克勒斯抓住两条蛇，左上角有弓，下方币文为地名“ΘE”。

赫拉克勒斯是大力神。他是宙斯和阿耳克墨涅的儿子，出生在底比斯。当他还是个婴儿的时候，宙斯的妻子赫拉由于嫉妒，派来两条巨蛇来杀害他。赫拉克勒斯虽然是个婴儿，却力大无穷，把两条巨蛇都扼死了。

四、叙拉古城邦的钱币

叙拉古（SYRACUSE）位于地中海中央的西西里（SICILY）岛东端，是古希腊殖民者建立的海港城邦。叙拉古的居民制造并使用古希腊钱币——德拉克马（DRACHMA）银币和德拉克马金币。此外，受迦太基（CARTHAGE）的影响，叙拉古的居民还制造和使用里特拉（LITRA）银币和里特拉金币。

西西里岛是地中海中最大的岛屿，当地土著居民是西库尔（SICULI）人，集中在岛的西部赛杰斯塔（SEGESTA）。早在希腊人到来之前，北非迦太基殖民者就已经来到这里，在岛的西端西库尔人聚居地区进行开发。公元前 734 年，希腊殖民者到达西西里岛。他们避开迦太基人，在荒芜的东部建立了叙拉古，与迦太基人形成东西对峙的局面。此后，叙拉古成为连接亚、非、欧三大洲经济贸易的重要港口。作为古代地中海的重要经济枢纽，叙拉古地区的货币经济十分发达。与其他的古希腊城邦一样，叙拉古主要使用德拉克马银币。

希腊殖民者来到西西里岛的时候，带来了白银称量货币，称量单位是德拉克马。公元前 6 世纪，金属称量货币转为金属数量货币，出现了重量 1 德拉克马的银币，德拉克马就兼具了重量单位和货币单位的双重含义。

古希腊各城邦德拉克马的重量是不同的。叙拉古遵循雅典城邦的重量制度，1 德拉克马的重量是 4.37 克。

币 55：叙拉古民主时代四德拉克马银币，公元前 510 年至公元前 490 年生产，重量为 17.48 克，正面是驭手驾马车，上方有不清晰的币文地名“ΣΑΡΑΩΟΣΙΟΝ”；背面是 4 块风车式压印，中间有妇女头像。

从这枚四德拉克马银币的重量看，1 德拉克马重量为：17.48 克 ÷4=4.37 克，严格符合雅典城邦德拉克马重量标准。

自公元前 734 年至公元前 490 年是叙拉古的民主时代。上述银币是叙拉古民主时代制造的。公元前 490 年，暴君杰隆一世开始统治西西里岛的希腊地区。经历了杰隆一世、希伦一世和色拉希布鲁斯三位国王的独裁统治之后，叙拉古出现了第二次民主时代（公元前 465 年至公元前 405 年）。下面这枚银币是叙拉古第二次民主时代的产物。

币 56：叙拉古第二次民主时代四德拉克马银币，公元前 465 年至公元前 460 年生产，重量为 17.29 克，正面是驭手驾 4 驾马车，上方有飞翔的奈克胜利女神为驭手加冕，下方有海妖刻托斯；背面是阿瑞杜萨束头带头像，4 只海豚环游，围绕着阿瑞杜萨的币文是地名“ΣΥΡΑΚΟΣΙΟΝ”。

经历了数十年的发展，相比第一次民主时代，第二次民主时代的德拉克马银币出现了微小的减重。

上述银币图案中的阿瑞杜萨是希腊神话中一位美丽的仙女，是太阳神阿波罗的孪生姐妹狩猎女神阿耳忒弥斯的随从，在河中洗澡时遇到河神，两人一见钟情。阿耳忒弥斯将阿瑞杜萨变成一股清泉，与河神会合相爱。因为叙拉古有着美丽的风光和泉水，所以希腊人在叙拉古城邦经常使用阿瑞杜萨的形象。

除了德拉克马银币，叙拉古人还使用属于迦太基钱币制度的里特拉钱币。

受迦太基影响，西西里岛上居民采用里特拉（LITRA）作为货币单位，与古希腊货币接轨，5 里特拉等于 1 德拉克马。如果说，1 德拉克马的理论重量是 4.37 克，那么 1 里特拉的理论重量就是 0.87 克。

以里特拉为单位的钱币有银币，也有金币。

币 57：叙拉古十里特拉银币，公元前 215 年至公元前 214 年生产，重量 8.34 克，正面图案是希伦尼姆斯国王束头带面朝左头像；背面图案是带翼霹雳，币文："ΒΑΣΙΛΕΟΣ ΙΕΡΩΝΥΜΟΥ"（希伦尼姆斯国王）。

十里特拉银币重量 8.37 克，一里特拉重量就是 0.837 克，略低于理论重量 0.87 克。里特拉金币的理论重量也是 0.87 克。

币 58：叙拉古十里特拉金币，公元前 406 年至公元前 405 年生产，重量 8.60 克，正面图案是雅典娜戴盔面朝左头像，左前方反写币文是地名“ΣΥΡΑ”；背面图案是刻印着戈耳工正面头像的神盾。

戈耳工是蛇发女妖三姐妹——美杜莎和她的两个姐姐。无论谁见到她们，都会变成石像。宙斯之子珀尔修斯背朝她们，用光亮的盾牌做镜子，杀死美杜莎，割下她的头颅交给雅典娜。雅典娜将美杜莎的头颅固定在自己胸甲中央抵御敌人。所以，戈耳工三姐妹的头像常被艺术家用在象征性的徽章、建筑的装饰物甚至雅典的钱币上，也曾用于士兵的盾牌上。人们相信，敌人看到盾牌上美杜莎的脸，就会变成石像。

除了德拉克马货币单位和里特拉货币单位，叙拉古还使用古希腊斯塔特金币（重量 8 克）和斯塔特银币（重量 11 克）。

公元前 264 年，布匿战争爆发，罗马人与迦太基人打了起来。公元前 212 年，罗马军队攻陷叙拉古，将它变成罗马的属地。罗马军人们在这个城里烧杀抢掠。我们不知道罗马军人是否抓住了叙拉古的国王埃庇基得斯，只知道他们在这里杀死了古代世界最伟大的科学家——阿基米德。

第四节　德拉克马钱币制度广泛传播

古希腊钱币德拉克马产生之后，随着各王国之间的相互征伐、占领，德拉克马钱币制度不仅在古希腊诸城邦盛行，而且传播到非洲、亚洲和欧洲的广大地区，南至北非埃及王国、东至西亚塞琉古王国、帕提亚王国，西至意大利半岛上的罗马王国。

小亚细亚半岛上的古希腊城邦被波斯帝国占领之后，波斯帝国就开始制造和使用古希腊钱币德拉克马。公元前 526 年，波斯帝国攻占埃及，将希腊化钱币德拉克马引入埃及。公元前 305 年，古希腊马其顿王国国王亚历山大的部将塞琉古在叙利亚称王，建立了塞琉古王国，成为希腊化王国之一，也开始制造和使用希腊化德拉克马钱币。当塞琉古王国衰败之后，公元前 247 年，帕提亚王国从塞琉古王国中独立出来，在西亚更为广阔的地区制造和使用希腊化德拉克马钱币。罗马王政时期，古希腊殖民者进入意大利半岛，将德拉克马钱币带入罗马。一直到罗马共和国开始制造阿斯青铜铸币的时候，德拉克马钱币在罗马仍然被使用。

一、波斯帝国的德拉克马

公元前546年，波斯帝国的国王居鲁士率领军队攻入吕底亚王国首都萨迪斯，吞并了吕底亚王国。此后，波斯帝国掌握了钱币制造技术，制造了以“斯塔特”金币为重量标准，即是以“舍客勒”为重量标准的金币“大流克”，以及价值等于1/20“大流克”金币的银币“西格罗斯”。

波斯帝国攻占的区域不仅有吕底亚人，还有许多希腊殖民城邦。希腊人制造和使用的钱币不仅有斯塔特，还有德拉克马。当波斯帝国吞并吕底亚王国的时候，吕底亚王国控制的希腊城邦已经有德拉克马钱币的制造和使用。譬如，在莱斯博斯岛上发现有公元前6世纪的德拉克马银币。

币59：莱斯博斯二德拉克马银币，公元前580年至公元前500年生产，重量8.39克，正面是野牛站像，上方币文为地名“ΜΑΘΥΜΝΙΩΝΜΑΥΜΝΙΝ”（墨塞姆纳）；背面是雅典娜盛装头像。

雅典娜是古希腊的智慧女神。莱斯博斯是吕底亚王国西方地中海中的一个岛屿，因古希腊著名的女抒情诗人萨福（sappho，

公元前630年至公元前560年)而得名。萨福出生于莱斯博斯岛(Lesbos)的一个贵族家庭,是个女同性恋者。莱斯博斯这个词的意思是"女同性恋"。

波斯帝国统治小亚细亚时期,在凯里亚(小亚细亚东南部)、卡帕多基亚(小亚细亚中部)发行了德拉克马银币。

币60:凯里亚德拉克马银币,公元前395年至公元前377年生产,重量4.10克,正面是狮首张口面左,左上方希腊文EKA(总督卡托姆诺斯的姓名缩写),背面是米利都(MILETUS)的城徽星。

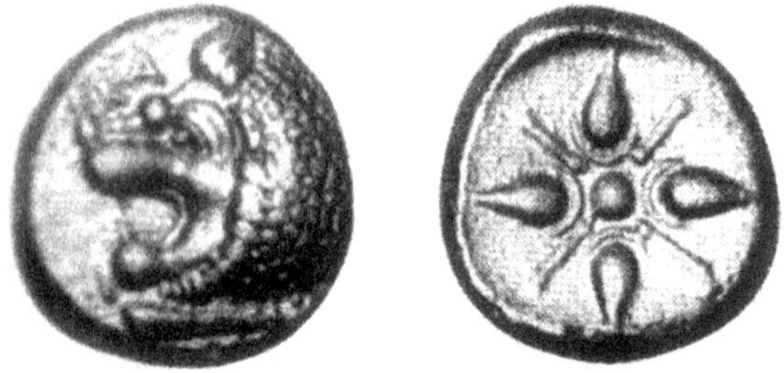

币61:卡帕多基亚德拉克马银币,公元前410年至公元前350年生产,重量4.06克,正面是女神头像,背面是雄鹰栖于海豚背上,下方有币文ΣΙΝΩ(sinope,西诺普,西诺普是卡帕多基亚地区的一个海岸城市)。

二、古埃及的德拉克马

公元前526年，埃及被波斯帝国占领。公元前332年，埃及被古希腊马其顿王国占领。公元前305年，亚历山大大帝的部将托勒密在埃及建立托勒密王国。公元前30年，屋大维率领罗马军队攻占埃及。无论是波斯、希腊还是罗马，他们引入埃及的钱币都是希腊化钱币——德拉克马。

1. 古埃及称量货币向数量货币的转化

古埃及本土的称量货币没有能够转化为数量货币。古埃及最早的数量货币——钱币是由波斯帝国侵略者引进的希腊化钱币。

古埃及称量货币的单位是“班加”和“得本”。但是，还没等到称量货币转为数量货币的时候，古埃及就被波斯帝国的军队占领了。

公元前526年，波斯帝国的国王冈比西斯二世率军进攻埃及。第二年，波斯军队攻占孟菲斯，俘虏埃及法老普萨美提克三世，结束了埃及第26王朝。

波斯人在埃及建立了新的王朝，史称埃及第27王朝，也称第一波斯王朝。这时候，埃及的称量单位“班加”与波斯帝国的称量单位“弥那”实现了接轨：埃及40班加等于波斯1弥那。

波斯人为什么使用希腊化钱币，为什么引入埃及的是希腊化钱币？这里的原因是，波斯人先占领了小亚细亚的吕底亚王国，以及吕底亚王国控制的小亚细亚的古希腊诸城邦，接受了古希腊的钱币制度，然后才攻入埃及，所以把希腊化钱币引入埃及。

于是，埃及作为波斯帝国的行省，开始制造和使用德拉克马银币。

2. 波斯帝国统治时期的德拉克马

币 62：波斯帝国统治时期埃及四德拉克马银币，公元前 380 年至公元前 360 年（阿塔薛西斯二世统治后期）生产，重量 15.41 克，正面是希腊雅典猫头鹰，鹰右下方币文为古埃及世俗体文字“埃及的法老”。

远在伊朗高原，波斯帝国需要开支军费，所以打制了大流克金币。大流克金币的重量标准采用两河流域传入波斯的重量单位舍客勒，理论重量 500 克 ÷60=8.33 克，扣除制造成本和铸币税，实际重量在 8.20 克左右。

埃及作为波斯帝国的行省，没有打制大流克金币，只打制了德拉克马银币。

波斯帝国入侵埃及将近二百年之后，公元前 332 年，古希腊马其顿王国的军队攻入埃及，将希腊钱币带入埃及。马其顿国王亚历山大的部将托勒密在埃及建立了托勒密王国。从此，埃及成为希腊化三大王国之一，打制的钱币更加具有希腊特色。

3. 古希腊统治时期的德拉克马

公元前 334 年，马其顿国王亚历山大率军东征波斯。第二年，亚历山大在伊苏斯击败波斯国王大流士三世。公元前 332 年，亚历山大进军埃及。此时，埃及被波斯侵略者占领已经将近二百年之久。埃及人认为，亚历山大是他们的解放者，会把波斯侵略者从埃及赶出去，所以非常欢迎亚历山大的军队。在埃及人的支持下，亚历山大所向披靡，迅速进入孟菲斯城。亚历山大被埃及人拥戴为埃及法老，被当作埃及民族同化的外国人，开始对埃及进行统治。

公元前 323 年，亚历山大因患疟疾英年早逝。因为没有继承人，亚历山大帝国随之崩溃，部将们各霸一方。亚历山大的部将托勒密成为埃及总督。公元前 305 年，托勒密一世宣布自己为埃及国王。托勒密的后裔从此在埃及世代相传，直到公元前 30 年罗马征服埃及为止，托勒密家族统治埃及 275 年。

托勒密王国与塞琉古王国、马其顿王国并列希腊化三大王国，使用希腊钱币德拉克马。托勒密王国铸造和流通的德拉克马，按照币材划分，有金币、银币、铜币；按照面额划分，有一德拉克马、四德拉克马、五德拉克马、八德拉克马、十五德拉克马、八十德拉克马等多种多样。

币 63：古希腊托勒密王国统治时期四德拉克马银币，公元前 290 年至公元前 285 年（托勒密一世统治后期）生产，重量 14.26 克，正面是托勒密一世国王束头带面朝右肖像；背面是站鹰伫立在霹雳上，周围币文："托勒密国王"。

托勒密王国延续了将近三百年，到了那个大名鼎鼎的埃及艳后——克利奥帕特拉执政时期，钱币形制仍然保持着最初的风格。

币 64：克利奥帕特拉八十德拉克马铜币，公元前 51 年至公元前 30 年生产，重量 18.40 克，正面是克利奥帕特拉女王面朝右梳髻披巾肖像；背面是站鹰伫立在霹雳上，左前有丰饶角，右前币文“Π”（希腊数字 80），周围币文：“ΒΑΣΙΛΕΩΣ[ΚΛΕ]OPATRΣ”（克利奥帕特拉女王）。

公元前 31 年，屋大维打败了克利奥帕特拉和安东尼的联合舰队。公元前 30 年，克利奥帕特拉自杀，托勒密王朝灭亡，埃及沦为罗马的行省。

4. 古罗马统治时期的德拉克马

公元前 30 年，屋大维率领军队进入埃及，埃及陷于罗马统治下。屋大维统治时期（公元前 30 ~ 公元 14 年），埃及继续使用托勒密王国的希腊化钱币。

屋大维的继任者——提比略统治时期（公元 14～37 年），埃及亚历山大造币场发行了刻印提比略肖像的罗马埃及行省 4 德拉克马钱币。此时，埃及的钱币主要使用两种金属：(1) 比朗合金主要用于铸造四德拉克马钱币；(2) 青铜主要用于铸造更小面额的钱币。两者之间的换算比率是 1 德拉克马比朗币等于四德拉克马青铜币，或者等于 12 枚双奥波青铜币，或者等于 24 枚奥波青铜币。

三、塞琉古的德拉克马

公元前 330 年，古希腊马其顿国王亚历山大攻陷波斯波利斯，波斯帝国灭亡。公元前 323 年，亚历山大去世，他的部将塞琉古获得了希腊帝国版图内最多的土地。公元前 305 年，塞琉古称王，建立了塞琉古王国，进而向东扩张领土，自伊朗高原远至印度河，与印度孔雀王朝旃陀罗·笈多订立和约，转而西进叙利亚和小亚细亚。公元前 281 年，塞琉古渡过赫勒斯滂（今达达尼尔海峡），企图占领马其顿，同年被刺身亡。

塞琉古建立的国家是希腊化国家，发行的钱币承袭希腊传统，采用德拉克马为钱币单位和钱币名称。

1. 地处西亚的希腊化王国

塞琉古王国鼎盛时期的版图包括小亚细亚大部分、叙利亚、巴勒斯坦、两河流域、伊朗高原大部分和中亚细亚一部分。公元前 280 年，塞琉古王国的国土面积达到 350 万平方千米，人口达到 1030 万。塞琉古王国的统治中心在叙利亚，都城是奥伦特河下游的安条克。

公元前2世纪，西方兴起的罗马共和国向东地中海扩张。公元前190年，罗马军队大败塞琉古军队，随后夺取了小亚细亚。塞琉古王国从此一蹶不振。公元前2世纪中叶，伊朗西部和两河流域出现了一些独立国家，但不久又被安息占领。巴勒斯坦也发生了犹太人的起义。公元前2世纪末，塞琉古王国的领土只有叙利亚一带。

中国古代称塞琉古为“条支”。司马迁说：

> 条支在安息西数千里，临西海。暑湿。耕田，田稻。有大鸟，卵如甕。人众甚多，往往有小君长，而安息役属之，以为外国。国善眩。安息长老传闻条支有弱水、西王母，而未尝见。[1]

条支国在安息西面几千里的地方，临靠西海。天气酷热潮湿。耕田，种水稻。出产鸵鸟，鸟蛋有盛水的坛子那么大。条支国人口很多，有些地方往往有小君长，安息支配统治他们，把它看成是外围国。它的国人善于玩魔术。安息长老传说条支有条弱水河，西王母住在那里，但没人看见过。

公元前64年，塞琉古王国被罗马所灭。罗马大将庞培将叙利亚并为罗马的一个行省。塞琉古王国延续总计241年，历30个国王，其中有些国王是父子共治的。

---

〔1〕（西汉）司马迁：《史记》卷一百二十三《大宛列传》，中华书局1959年版，第3163～3164页。

2. 塞琉古一世发行的钱币

塞琉古王国的开国国王是亚历山大的部将塞琉古。公元前312年，塞琉古在巴比伦就任总督。公元前305年，塞琉古建立塞琉古王国，就任国王，史称塞琉古一世。塞琉古王国地处西亚，但属于希腊化王国。塞琉古一世发行的钱币，承袭希腊传统，主要是德拉克马银币，但也有金币和铜币。下面举例说明。

币65：塞琉古一世时期四德拉克马银币，公元前312年至公元前300年在巴比伦造币厂制造，重17.11克，正面是希腊大力神赫拉克勒斯狮皮盔头像，背面是宙斯一手持鹰一手持杖坐像，左前方有花环。币文为“亚历山大国王”【ΒΑΣΙΛΕΩΣ ΑΛΣ △ ΡΟΥ】。

公元前312年至公元前305年，塞琉古一世为叙利亚总督，以上钱币是使用亚历山大之名打制的。

币66：塞琉古一世时期斯塔特金币，公元前312年至公元前300年在巴比伦造币厂制造，重8.51克，正面是雅典娜科林斯盔头像，背面是双翼奈克女神一手持花环，一手持十字杖站像，左下方有花环。币文是“亚历山大国王”【ΒΑΣΙΛΕΩΣ ΑΛΣ △ ΡΟΥ】。

图案中的雅典娜是希腊智慧女神。科林斯是古希腊城邦。奈克是希腊胜利女神。这种金币是塞琉古一世以亚历山大之名打制的，模仿了亚历山大时代的金币。

币 67：塞琉古一世时期铜币，公元前 312 年至公元前 280 年生产，重量 7.02 克，正面是女妖墨杜萨头像，背面是公牛顶撞前行。币文为“塞琉古国王”【ΒΑΣΙΛΕΩΣ ΣΕΑΕΥΚΟΥ】。

塞琉古成为国王，终于使用自己的名字打制钱币。但是，他用自己名义打制的钱币是铜币，而不是金币和银币。

3. 安条克十三世发行的钱币

塞琉古一世建立了塞琉古王国。两百多年之后，到了他的后代安条克十三世的时候，这个王国在罗马军队的打击下灭亡了。

安条克十三世青少年时代曾在罗马度过。公元前 69 年，亚美尼亚国王提格兰尼斯二世由叙利亚撤退后，罗马人将安条克十三世扶上塞琉古王国国王宝座。公元前 64 年，罗马大将庞培将塞琉古王国收编为罗马行省，塞琉古王国灭亡。

币 68：安条克十三世四德拉克马银币，公元前 69 年至公元前 65 年在安蒂奥克造币厂制造，重量 15.56 克，正面是国王蓬发束头带头像，背面是树枝环内宙斯左手持权杖，右手捧着胜利女神奈克，奈克用花环为宙斯加冕。币文是“爱兄弟的安条克国王”【(B)ΑΣΙΛ(ΕΩΣ)ΑΝΤΙΟΧ(ΟΥ)ΦΙΛΑ Δ ΕΛΦΟΥ ΣΕΑΕΥΚΟΥ】。

与开国国王塞琉古一世发行的钱币相比，安条克十三世发行的四德拉克马重量明显下降，从 17.11 克降至 15.56 克，下降幅度为 9.1%；钱币直径却明显上升，从 25 毫米升至 30 毫米，上升幅度为 20%。这说明，朝廷发行银币采取逐步减重的政策，以节约白银，获取更多的铸币税。为了使银币表面没有明显的缩小，朝廷将银币直径扩大，从最初的 25 毫米扩大到后期的 30 毫米，使银币变薄，来维持银币的价值和信用。

4. 塞琉古王国德拉克马银币的减重

我们将李铁生先生在《古希腊币》一书中介绍的塞琉古王国历代四德拉克马银币的重量和直径情况列表说明（见表 1）。

表 1 塞琉古王国历代四德拉克马银币重量和直径情况

序号	年代（公元前）	重量（克）	直径（毫米）	国王
1	312 ~ 300 年	17.11	25	塞琉古一世
2	295 ~ 281 年	17.07	26	塞琉古一世
3	282 ~ 281 年	17.05	26	塞琉古一世
4	312 ~ 280 年	16.82	29	塞琉古一世
5	280 ~ 261 年	17.03	29	安条克一世
6	261 ~ 246 年	16.83	25	安条克二世
7	246 ~ 226 年	16.93	32	塞琉古二世
8	226 ~ 223 年	16.99	33	塞琉古三世
9	223 ~ 210 年	16.99	33	安条克三世
10	221 ~ 187 年	16.97	28	安条克三世
11	187 ~ 175 年	17.01	30	塞琉古四世
12	175 ~ 170 年	16.75	29	安条克四世
13	169 ~ 164 年	16.61		安条克四世
14	175 ~ 164 年	16.89	29	安条克四世
15	166 年	16.93		安条克四世
16	164 ~ 162 年	16.73		安条克五世
17	162 ~ 150 年	16.79	32	德米特里乌斯一世
18	150 年	16.81	33	亚历山大一世
19	149 ~ 148 年	14.14	28	亚历山大一世
20	143 ~ 142 年	16.80	31	安条克六世
21	138 ~ 129 年	16.55	31	安条克七世
22	121 ~ 113 年	16.66	29	安条克八世
23	128 年	16.58		安条克八世
24	125 ~ 121 年	16.45	28	安条克八世

续表

序号	年代(公元前)	重量(克)	直径(毫米)	国王
25	113～112年	16.43	30	安条克九世
26	111～110年	16.48	30	安条克九世
27	96～94年	16.50	29	塞琉古六世
28	94～92年	16.17	29	安条克十世
29	88～87年	15.82	26	德米特里乌斯三世
30	98～83年	15.72		腓力一世
31	84～83年	15.81		安条克十二世
32	69～67年	15.56	30	安条克十三世

根据这些德拉克马银币样本的重量情况我们可以看出，在塞琉古王国总计246年里，德拉克马银币重量呈现稳步下降的趋势，四德拉克马银币的重量从17.11克降低到15.56克，下降幅度为9.1%。

中国古代也发生过同样的事情。中国西汉王朝自公元前202年至公元8年，总计210年，重量制度从每斤折合现代250克下降至每斤折合现代245克，下降幅度为6.0%。

中国古代重量缓慢下降，属于重量制度变化。塞琉古王国的钱币减重现象，是否也是跟随重量制度一起变化，还需要进一步研究考证。

四、帕提亚的德拉克马

公元前3世纪中叶，随着塞琉古王国的衰败，远在东方的两个行省先后宣布独立，建立了自己的王朝：一是巴克特里亚王朝

（公元前256年至公元前145年）；二是帕提亚王朝（公元前247年至公元224年）。帕提亚王朝是草原游牧民族的王朝，受塞琉古王朝的影响，承袭希腊传统，发行的钱币使用希腊钱币单位德拉克马。

1. 游牧民族建立的庞大王国

帕提亚人源于里海东南方达赫地区赛克游牧民族的帕尔尼部族。公元前247年，帕尔尼首领阿萨克斯（ARSACES）取代了刚从塞琉古王朝宣布独立不久的帕提亚总督安德拉哥拉斯，进驻达赫以南的帕提亚地区，建立了帕提亚王朝。帕提亚的北边是康居王国，东边是乌弋山离王国，西边是塞琉古王国。

阿萨克斯在中国古语中读作“安息”。中国文献古籍中多有提到安息国的情况。

> 安息在大月氏西可数千里。其俗土著，耕田，田稻麦，蒲陶酒。城邑如大宛。其属小大数百城，地方数千里，最为大国。临妫水，有市，民商贾用车及船，行旁国或数千里。以银为钱，钱如其王面，王死辄更钱，效王面焉。画革旁行以为书记。其西则条支，北有奄蔡、黎轩。[1]

安息在大月氏西面大约几千里的地方。他们习惯定居在一个地方，耕田，种水稻麦子，出产葡萄酒。国都大小像大宛国一样。所属大小城镇有好几百个，地方延伸几千里，是最大的国家。它濒临妫水，有专门交易货物的都市，老百姓商人都用车船运货，

[1] （西汉）司马迁：《史记》卷一百二十三《大宛列传》，中华书局1959年版，第3162页。

有时运到几千里的邻国。用银作为货币，钱币铸国王的肖像，如果国王死了，就再更改货币，改用新国王的肖像。在皮革上书写都是用横行笔画作记录。它的西面是条枝国，北面有奄蔡、黎轩等国。

《汉书》对安息使用钱币的记载：

> 亦以银为钱，文独为王面，幕为夫人面，王死辄更铸钱。[1]

与乌弋山离国一样，安息王国也使用银钱，钱的正面是国王的肖像，背面是王后的肖像。国王死了，就要改铸银钱。

2. 帕提亚王国钱币的种类

帕提亚王朝的钱币，承袭古希腊的传统，使用的货币单位是德拉克马（DRACHMA）。更小的货币单位是奥波（OBOL）。1 个德拉克马等于 6 个奥波[2]。一般来说，德拉克马和奥波都是银币。帕提亚王朝还生产铜币，铜币的单位是查柯（CHALKOUS）。1 个奥波等于 8 查柯。1 个德拉克马等于 48 查柯。

雅典的重量单位弥那被分为 100 个德拉克马。一般认为，雅典的弥那重量折合现代 437 克。那么，理论上 1 个德拉克马的重量折合现代 4.37 克。然而，早期希腊的造币标准却是 1 德拉克马重量 4.3 克，1 枚四德拉克马重量 17.2 克。这里出现了 0.07 克的差异，应该是钱币制造成本造成的。

---

〔1〕（东汉）班固：《汉书》卷九十六《西域传》，中华书局 1962 年版，第 3889 页。

〔2〕1 德拉克马等于 6 奥波：这里的“1”和“6”都是描述重量的量词，而不是钱币的名词，所以使用阿拉伯数字。

理论上 1 个奥波的重量为 0.728 克。

查柯的重量大约 2 克。48 查柯等于 1 个德拉克马。那么，96 克铜等于 4.3 克白银，1 克白银的价值就等于 22.33 克铜。

3. 帕提亚王国钱币的币文

帕提亚钱币正面只有国王的肖像而没有币文，偶尔有标记；钱币背面有币文，采用希腊字母，排列成方框形，后逐步演化为难以辨认的讹写希腊字母。帕提亚王朝初期，钱币上的币文分为左右两行。

币 69：帕提亚王国开国国王阿萨克斯德拉克马银币，重 4.03 克，公元前 238 年至公元前 211 年生产，正面是头戴风帽的阿萨克斯国王面向右的头像；背面是牧人持弓面向左的坐像，左右两侧希腊币文："ΑΡΣΑΚΟΥ ΑΥΤΟΚΡΑΤΟΡΟΣ"（独立执政的阿萨克斯大王）。

到了米特拉达特斯二世时代，钱币上的币文已经排列成左上右下四行。

币 70：米特拉达特斯二世四德拉克马银币，重 15.93 克，公元前 122 年至公元前 91 年生产，正面是束头带长须国王面向左头像；背面是牧人持弓面向右坐在脐石上，周围的四行币文形成一个方框："左 ΒΑΣΙΛΕΩΣ，上 ΜΕΓΑΛΟΥ，右 ΑΡΣΑΚΟΥ，下

ΕΝΙΦΑΝΟΥΣ”(显贵的阿萨克斯大王)。

在这里,ΒΑΣΙΛΕΩΣ 的意思是“王”;ΜΕΓΑΛΟΥ 的意思是“大”;ΑΡΣΑΚΟΥ 是“阿萨克斯”;ΕΝΙΦΑΝΟΥΣ 的意思是“显贵的”。

沃洛加西斯三世(公元 105 ~ 公元 147 年)之后,帕提亚钱币背面在讹写希腊文方框内时而出现帕提亚巴列维文或阿拉米文国王称号。

币 71:米特拉达特斯国王德拉克马银币,重 4 克,公元 140 年生产。钱币的正面是束头带三角须国王头像;钱币的背面是牧人持弓坐像,四行形成方框形的希腊币文已经讹写不清,但最上一行为巴列维文“米特拉达特斯国王”。

4. 帕提亚王国钱币的纹饰

帕提亚王国钱币的纹饰,基本采用希腊形式,正面为国王的肖像,大部分面左,少数面右。国王的头饰有 3 种:

（1）风帽或毡帽，用于早期国王肖像，两侧有护耳，可以卷起来束于脑后，是典型的游牧民族装束。

（2）束发带原为东方王权的象征，后经亚历山大大帝而通行于希腊化各国——马其顿、托勒密、塞琉古等国。古典希腊传统头饰为橄榄枝、月桂枝、麦穗及各种头盔。束发带一般丝质，常镶有珠宝，脑后系带，带尾飘扬。

（3）王冠是东方式的，也译为冕冠，一般较高，常有护耳。帕提亚王冠较为平圆。

帕提亚王国钱币背面的图案，主要是牧人持弓坐像、提喀女神授权国王像。

从奥罗德斯二世（公元前 57 年至公元前 38 年）起，国王肖像脸上出现了瘊子，其目的是要强调君主血统的纯正。

第五章
古印度的方形银币

古印度最早的钱币，出现于公元前600年至公元前324年的列国时代，统一于旃陀罗·笈多建立的孔雀王朝。

两河流域白银称量货币传播到伊朗高原，进而影响南亚次大陆。迄今为止，已知古印度早期钱币皆为银质，乃是从白银称量货币转化而来。因此，古印度白银钱币的单位，等同于白银称量货币单位。古印度白银钱币的形状，早期是四边不规则的方形，后来转变为圆形。因受波斯钱币的影响，古印度早期的钱币，除了不规则的方形之外，还有一种是弯条形状、正面印花，主要在印度河流域的犍陀罗王国（GANDHARA）流通。

古印度早期钱币有两个显著的特征：一是大多呈现不规则的方形；二是皆为银币。根据钱币价值系列划分，古印度的方形银币主要有三种：卡夏帕那、萨塔马纳和德拉克马。卡夏帕那源于哈拉巴文明时期的重量单位苏瓦纳（SUVARNA），是1/4苏瓦纳的重量；萨塔马纳源于吠陀时期的重量单位；德拉克马源于古希腊的重量单位。

第一节 从列国时代到孔雀王朝

古代中国钱币诞生的时候，正值春秋战国诸侯混战，钱币呈现各国不同的情形，直到秦始皇统一中国，才统一了货币。与古代中国的情形相似，古印度钱币诞生的时候，也发生着列国争雄的混战，直到孔雀王朝统一古印度，才统一了货币。

古印度的列国时代，除了列国争雄的战争，还有波斯人和希腊人的入侵。外族入侵对古印度的钱币产生了影响。结果是，古印度的钱币不仅有本土的卡夏帕那和萨塔马纳，还有希腊化钱币——德拉克马。公元前 324 年，旃陀罗·笈多趁马其顿撤军之际自立为王，建立了孔雀王朝，统一了印度半岛。

一、列国争雄与佛教兴起

古印度的列国时代，开始于公元前 6 世纪初，当时南亚次大陆北方出现了“十六大国”。这十六大国吞并着临近的小国，并且相互攻伐，长期混战。

由于波斯人自公元前 6 世纪至公元前 4 世纪占领了印度河流域，印度历史的重心就从印度河流域转移至恒河流域。

列国时代，印度河流域有 2 个大国：犍陀罗（GANDHARA）、甘蒲奢（KAMBOJA）；恒河流域有 9 个大国：摩揭陀（MAGADHA）、安迦（ANGA）、瓦言（VRIJJI）、迦尸（KASHI）、末罗（MALLA）、居萨罗（KOSALA）、般遮罗（PANCHALA）、俱卢（KURU）、跋

沙(VATSA);两河之间有4个大国:车底(CHETIYA)、阿般提(AVANTI)、摩差(MATSYA)、苏罗赤那(SHURASENA),南亚次大陆南端还有一个大国——阿湿波(ASSAKA)。

列国时代频繁残酷的战争,使人民陷入极度痛苦。为了寻求解脱,多数人信奉顺世思想。信奉这种思想的人被称为"路伽耶陀"(顺世派,意思是"流行于人民中间的观点")。

顺世派的人们并不承认转世,认为人生只有一次,所以反对禁欲和苦行。顺世派反对种姓制度,认为婆罗门和旃荼罗[1]的血液都是红色的,没有不同。顺世派认为生命来自物质:人体来自大地;体温来自火;血液来自水;呼吸来自风。世界万物都来自地、火、水、风四大元素。人的意识活动不能离开肉体而独立存在。当人的生命结束时,四大元素离散,人也就失去意识。

与顺世派思想相反的是佛教。佛教承认转世,反对不良欲望,认为欲望造业,因果报应。

以居萨罗王国为宗主国的迦毗罗(KAPILA)卫城,有一个国王称净饭王,他的王子乔达摩·悉多创建了佛教。乔达摩在恒河中游地区传教,被称为"释迦牟尼",意思是"释迦族的隐修者"。

佛教也反对种姓制度,提出"众生平等",认为佛门内没有等级差别,每一个人都可以通过自修解脱苦难。佛教否认婆罗门教的神对人的命运有主宰作用;否认宗教祭祀以及主持祭祀的婆罗门僧侣有拯救人的作用。

---

〔1〕 旃陀罗:首陀罗之下的贱民阶级。

二、对外扩张的摩揭陀王国

早在公元前6世纪，统治摩揭陀王国的是河里央迦族。公元前545年，摩揭陀王国的频婆娑罗（瓶沙王，汉译“影胜”）登上王位，建立新王舍城，皈依佛陀。

释迦牟尼所在的迦毗罗卫城，奉居萨罗王国为宗主，并不从属于摩揭陀王国。释迦牟尼佛成道后，第二年到达摩揭陀王国的王舍城。频婆娑罗成为释迦牟尼佛的护法居士，并向释迦牟尼佛赠送竹林精舍。频婆娑罗对外扩张，吞并了安迦王国。

公元前516年，频婆娑罗被他的儿子阿阇世杀害。阿阇世成为国王，继续奉行扩张政策，向外发动侵略战争，吞并了居萨罗王国、迦尸王国和跋沙王国，把摩揭陀王国的霸主地位推向顶峰。

频婆娑罗和阿阇世父子都推崇佛教。据说，佛教历史上的第一次结集就是在阿阇世赞助下举办的。公元前489年，阿阇世的儿子优陀夷(Udaya)继位。第二年，优陀夷建立了华氏城。此后的几代国王，都是弑父篡位者。宫廷混乱，朝纲不振。

公元前413年，大臣西宋纳迦借助人民起义的力量，登上王位，建立了西宋纳迦王朝。公元前364年，平民出身的摩诃帕德摩·难陀篡夺王位，建立了难陀王朝。西宋纳迦王朝和难陀王朝属于摩揭陀王国的两个朝代。

三、波斯人和希腊人的入侵

波斯帝国的居鲁士（公元前550年至公元前530年在位）曾

经远征印度，使印度河以西的地区成为他的属国。大流士（公元前 521 年至公元前 486 年在位）派军队占领了印度河流域的广大地区，把它纳为波斯帝国的第 20 个行省。

公元前 330 年，古希腊马其顿王国国王亚历山大消灭了波斯帝国。三年之后，亚历山大越过兴都库什山，企图占领西北印度。公元前 327 年，他征服了库纳尔河和斯瓦特河一带的土著部落。第二年，亚历山大向杰卢姆河进发。在这里，他遇到波罗斯王的阻击。一场恶战之后，亚历山大击溃了波罗斯王的军队，俘虏了波罗斯王。

亚历山大继续东进，蹂躏了杰卢姆河以东的许多部落和王国。由于热带病和连年苦战，士兵们不愿继续前进。于是，亚历山大班师回朝。

从公元前 326 年 3 月渡过印度河，到公元前 325 年 9 月离开俾路支，亚历山大在印度共 19 个月。在此期间，无数手无寸铁的男人、妇女和孩子惨遭屠杀，大批城镇遭到焚掠，当地人民对亚历山大恨之入骨。当亚历山大离开后的第二年，印度人杀死他留在西旁遮普省的总督菲力普斯。他安排在其他各地的留守官员也始终没有能够在当地建立起有效的统治。

亚历山大在印度西北部的征服活动削弱了这里许多部落和王国，为后来孔雀王朝建立较为持久的统一王国铺平了道路。

四、中央集权的孔雀王朝

公元前 324 年，旃陀罗·笈多趁马其顿撤军之际自立为王。据传说，旃陀罗·笈多早年以养孔雀为生，所以人们将他建立的王朝称为“孔雀王朝”。旃陀罗·笈多也被人们称为“月护·孔雀”。为了避免宫廷暗杀，旃陀罗·笈多从不在同一卧室连宿两夜，白天的睡眠也无定时。公元前 297 年，他放弃王位，漫游到南方，按照耆那教的习俗绝食而死。

孔雀王朝在印度历史上第一次实行了中央集权的统治。原来的小王国和共和性质的部落联盟失去了独立的地位，全部纳入帝国统一管理之下。帝国被分为若干省区，由王子或国王的近亲充任总督。

省区政府的臣僚会议权力很大，可以与国王直接沟通，目的在于节制王子，防止王子利用总督地位谋反。中央还向地方派出各类监督官，在各行政中心工作，在中央政府与地方政府之间进行联系。他们监督商业、农业、林业、酿酒业、纺织业、军队等。地方上还有为完成税收而任用的土地丈量员、收税员、会计员等。

国王雇用大量特务，作为他了解民情和各类官员工作情况的耳目。这些特务是从社会各个阶层招募而来，扮装成商人、工匠、苦行僧、乞丐、妓女等，混入社会，搜集情报，报告国王。

帝国的军队由骑兵、步兵、战车队、象营、水军和给养部门组成，可以分为世袭军队、雇用军队和属于各社团的军队。其中，最重要的是世袭军队，他们是国王的常备军，有强大的战斗力和丰厚的薪金，平时养尊处优，战时冲锋陷阵。

继承旃陀罗·笈多王位的人，是他的儿子宾头沙罗。宾头沙罗的绰号是“杀敌者”，说明他能征惯战。公元前 272 年，宾头沙罗病逝，他的小儿子阿育从外省总督职位上回来，与哥哥苏深摩争夺王位。公元前268年，阿育终于取得胜利，成为国王。阿育镇压叛乱，巩固政权，扩大领土，成为印度历史上一位著名的国王。公元前185年，孔雀王朝的最后一代国王波罗诃德罗陀被自己的婆罗门元帅布舍密陀罗·巽伽杀害。孔雀王朝灭亡，巽伽王朝开始。

第二节　卡夏帕那银币的诞生

苏瓦纳称量标准起源于哈拉巴文明时期，是古印度最早的称量标准。卡夏帕那银币是按照苏瓦纳称量标准制造的钱币，重量为1/4苏瓦纳，诞生于列国时代初期。随着列国争雄的战争，摩揭陀王国逐步占据了印度半岛的北部，卡夏帕那银币的使用范围得到扩大。孔雀王朝统一印度半岛之后，卡夏帕那银币便成为古印度的主要货币。

一、卡夏帕那重量单位

苏瓦纳是古印度最早的称量单位，产生于哈拉巴文明时期，有出土砝码为证。苏瓦纳是古印度称量制度中的基本单位，重量13.705克，是128颗野甘草草籽的重量。

这种野甘草的草籽被称为“拉蒂”(RATTI)，有毒，颜色鲜红，一端有黑点，平均重量0.107克。我们遵循2进制数字序列，将1苏瓦纳的重量分割成若干个拉蒂的重量单位(见表2)：

表2　苏瓦纳分量单位

重量单位	拉丁文	重量(克)	拉蒂数量
苏瓦纳	SUVARNA	13.705	128
达哈拉	DHARANA	3.426	32
马夏	MASHA	0.857	8
马夏卡	MASHAKA	0.214	2
拉蒂	RATTI	0.107	1

1/4 苏瓦纳等于 1 达哈拉，即 32 颗野甘草草籽的重量，折合现代 3.426 克。达哈拉是一个非常重要的单位，这个重量的金属，特别适合制造成 1 枚钱币。甚至有人推测，达哈拉这个名词，在古印度的意思就是“称重”，与两河流域苏美尔人的名词“舍客勒”具有相同的含义。古印度早期钱币卡夏帕那(KARSHAPANAS)，便是根据达哈拉重量标准制造的，理论重量 3.426 克。

二、摩揭陀王国的卡夏帕那

摩揭陀王国位于恒河流域下游，三面环山，一面傍水，凭借地理优势，在战国争雄中成为霸主。公元前 493 年，国王频婆娑罗被他的儿子阿阇世杀害。阿阇世成为国王，继续奉行扩张政策，把摩揭陀王国的霸主地位推向顶峰。我们看到的卡夏帕那银币，正是这个时代的产物。

摩揭陀王国的卡夏帕那采用四边不规则的方形、正面印花，重量等于达哈拉，即 3.426 克，或 32 拉蒂。

币 72：摩揭陀王国卡夏帕那银币，四边不规则的方形，公元前 550 年至公元前 461 年生产，重量 3.4 克，正面有 5 个印记：弓箭、六臂符、树枝、三圆圈、太阳符；背面有 1 个戳记。

除了卡夏帕那，即 1/4 苏瓦纳重量的银币，摩揭陀王国还有马夏卡银币。1 卡夏帕那等于 4 马夏，马夏是 8 拉蒂的重量；1 马夏等于 4 马夏卡；马夏卡是两个拉蒂的重量。

币 73：摩揭陀王国二十五马夏卡银币，四边不规则方形，公元前 6 世纪至公元前 5 世纪生产，重量 5.42 克，正面有 4 个印记：六臂符、太阳符、树枝、三角，另有两个戳记；背面是光面，没有戳记。

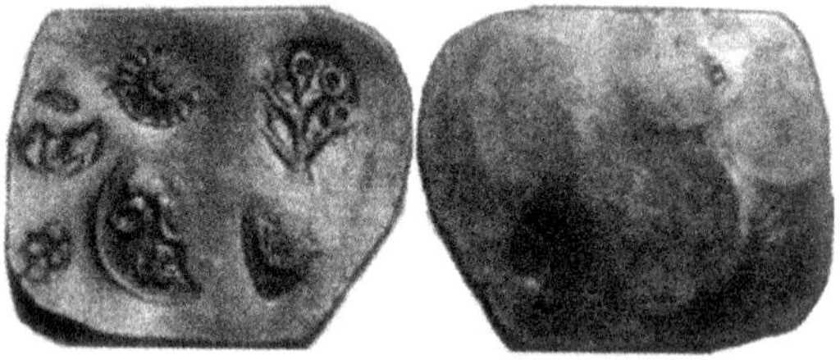

1 枚二十五马夏卡等于 50 拉蒂，理论重量 5.35 克。

三、其他列国的卡夏帕那

居萨罗王国位于恒河流域上游，早期制造和使用萨塔马纳银币，后来也制造和使用卡夏帕那银币。

币 74：居萨罗王国卡夏帕那银币，四边不规则方形，公元前465年生产，重量3.00克，正面有4个印记，背面有1个戳记。

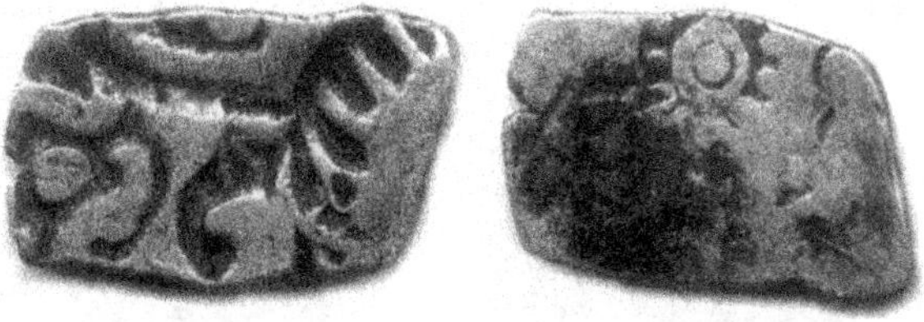

般遮罗王国位于恒河流域上游，也制造和使用卡夏帕那银币。

币 75：般遮罗王国1.5马夏卡银币，四边不规则方形，公元前450年至公元前350生产，重量0.36克，正面是单一印记；背面是光面。

般遮罗王国二马夏卡银币，四边不规则方形，公元前175年至公元前50年生产，重量0.4克，正面是般遮罗印记；背面是乌贾因[1]印记。

苏罗赤那王国位于恒河流域与印度河流域之间，也制造和使用卡夏帕那银币。

币 76：苏罗赤那半卡夏帕那银币，四边不规则方形，公元前

〔1〕 乌贾因：般遮罗王国的南方城市。

400 年至公元前 350 年生产，重量 1.4 克，正面是大型动物形状印记，背面是光面。

四、孔雀王朝的卡夏帕那

公元前 324 年，旃陀罗·笈多建立了孔雀王朝。旃陀罗·笈多武力统一了印度半岛，建立了中央集权、君主专制的政权。孔雀王朝货币的主要形态是卡夏帕那银币，理论重量 3.426 克。

币 77：孔雀王朝旃陀罗·笈多卡夏帕那银币，圆形，公元前 324 年至公元前 297 年在华氏城造币场生产，重量 3.60 克，正面有 5 个印记，背面有痕迹。

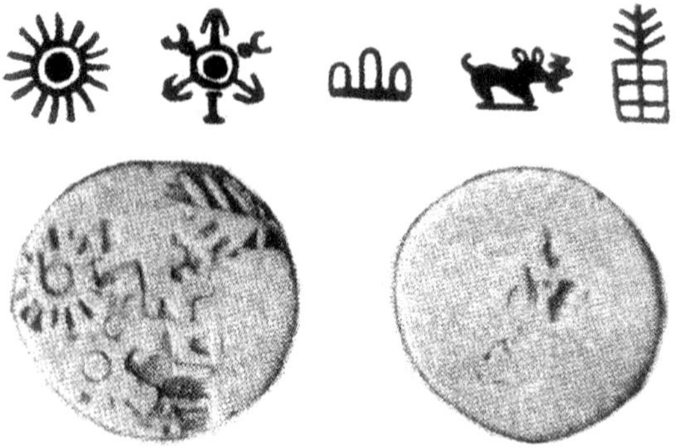

币 78：孔雀王朝宾头沙罗卡夏帕那银币，四边不规则方形，

公元前 297 年至公元前 272 年生产，重量 3.60 克，正面有 5 个印记，背面有痕迹。

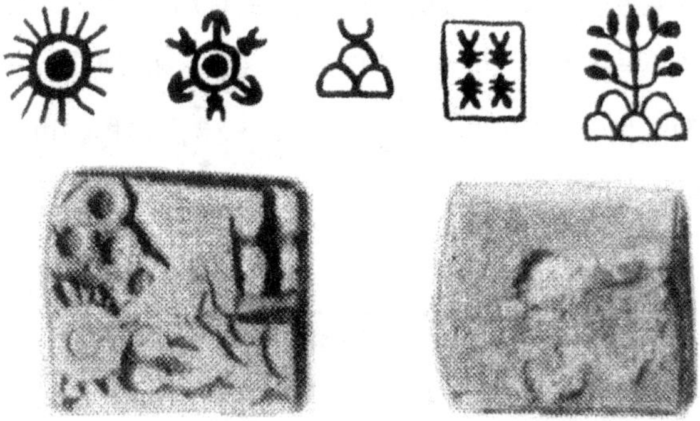

币 79：孔雀王朝阿育王卡夏帕那银币，四边不规则方形，公元前 268 年至公元前 238 年生产，重量 3.60 克，正面有 5 个印记，其中糖葫芦串形印记被认为是阿育王君王符，背面为君王符。

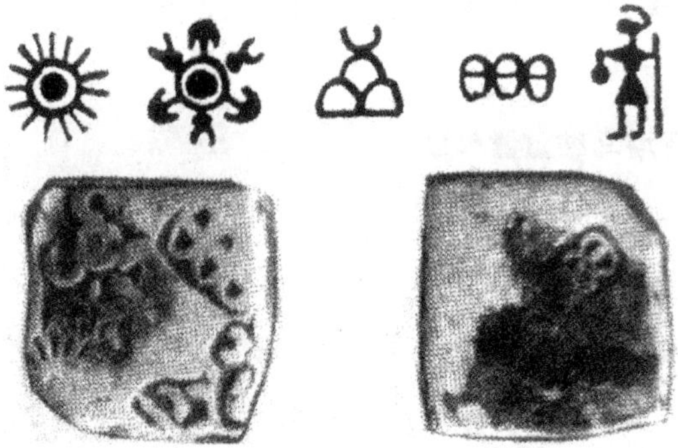

自公元前 321 年至公元前 238 年的 83 年中，孔雀王朝经历了 3 代君主，卡夏帕那银币的重量持续保持在 3.60 克的足值状态，说明孔雀王朝并未实现铸币权的集中垄断，卡夏帕那银币的制造是开放的，朝廷和民间都可以制造。所以，当时的卡夏帕那银币不具备减重能力，依靠本身币材白银价值行使价值尺度和流

通手段的货币职能。

孔雀王朝共历10个君主，总计139年。公元前185年，孔雀王朝的最后一代国王波罗诃德罗陀被自己的婆罗门元帅普士亚密陀罗·巽伽杀害。孔雀王朝灭亡，巽伽王朝开始。

巽伽王朝制造和使用卡夏帕那银币和卡夏帕那铜币。

第三节　萨塔马纳银币的诞生

萨塔马纳称量标准起源于吠陀时期。萨塔马纳银币是按照萨塔马纳称量标准制造的钱币，诞生于列国时代初期。随着摩揭陀王国版图的扩张，以至孔雀王朝统一印度半岛，卡夏帕那银币使用范围越来越大，萨塔马纳银币逐步走向消亡。

一、萨塔马纳重量单位

萨塔马纳称量标准最早出现在吠陀文献中。

公元前1500年以后，印欧语系居民进入印度河流域，逐渐成为这个地区的主要居民。这些人自称“雅利安人”，意思是“高贵的人”。雅利安人称印度河流域原有的居民为“达萨”，意思是“敌人”。这说明，雅利安人的进入是通过战争实现的。

雅利安人创作了4部吠陀（经文、诗歌、咒语汇编）——《梨俱吠陀》《沙摩吠陀》《耶柔吠陀》《阿闼婆吠陀》。《梨俱吠陀》形成于公元前1500年至公元前900年，这个时期被称为“梨俱吠陀时代”或“早期吠陀时代”。其余3部吠陀形成于公元前900

年至公元前600年，这个时期被称为“婆罗门教时代”或“后期吠陀时代”。4部吠陀是研究雅利安人历史的主要文献。

吠陀文献中，“马纳”(MANAS)是常见的交易术语，被用作称量单位。萨塔马纳(SATAMANA)等于100马纳[1]，原来是1个圆形金属片。在国王登基祭祀典礼上，当国王加冕时，两个萨塔马纳被分别嵌在皇家战车的两个轮子上，典礼后赏给祭司。

马纳采用百进制，100马纳等于1萨塔马纳。但是，两者之间还有一个中间单位——沙那(SHANA)，重量1.375克。52.5马纳等于1沙那，8沙那等于1萨塔马纳(见表3)。

表3 马纳重量系列单位

重量单位	拉丁文	重量(克)	马纳数量
马纳	MANA	0.11	1
沙那	SHANA	1.375	12.5
萨塔马纳	SATAMANA	11.00	100

二、犍陀罗王国的萨塔马纳

犍陀罗王国位于印度河流域，使用萨塔马纳作为重量单位。萨塔马纳的理论重量是11克，与吕底亚王国的纯银币的理论重量恰好一致。犍陀罗王国早期的钱币，呈弯条形状、正面印花，基本单位是100马纳，即1萨塔马纳(SATAMANA)。

币80：犍陀罗王国萨塔马纳(SATAMANA)银币，弯条形状，公元前6世纪至公元前4世纪生产，重量11.2克，正面印有2个六臂符；背面是光面，没有记号。

〔1〕 100马纳：指100马纳的价值，“100”在这里是量词，是描述价值的量词。

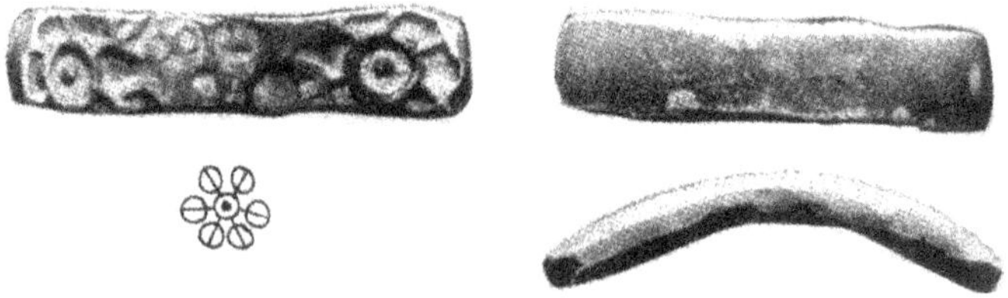

印度钱币学者帕尔梅什瓦里说：

> 犍陀罗国发行的货币是很特别的凹形长条状，长度为1～1.75英寸，平均宽度约为0.4英寸。……刚刚铸造的钱币重约183格令；受到实际状况影响，其重量通常介于150～180格令之间。……[1]

格令（GRAIN）是1颗麦粒的重量，大约0.0648克。帕尔梅什瓦里所述犍陀罗王国的条形银币初期重量183格令，后来降至150至180格令之间。萨塔马纳的理论重量11克，等于大约170格令。

币81：犍陀罗王国萨塔马纳银币，弯条形状，生产于公元前600年至公元前500年，重量11.5克，正面是2个六臂符；背面是光面，没有记号。

---

〔1〕［印］帕尔梅什瓦里·拉尔·笈多：《印度货币史》，石俊志译，法律出版社2018年版，第15～16页。

币 82：犍陀罗王国 1/16 萨塔马纳银币，圆形，公元前 500 年至公元前 400 年生产，重量 0.67 克，正面是 1 个六臂符；背面是光面，没有记号。

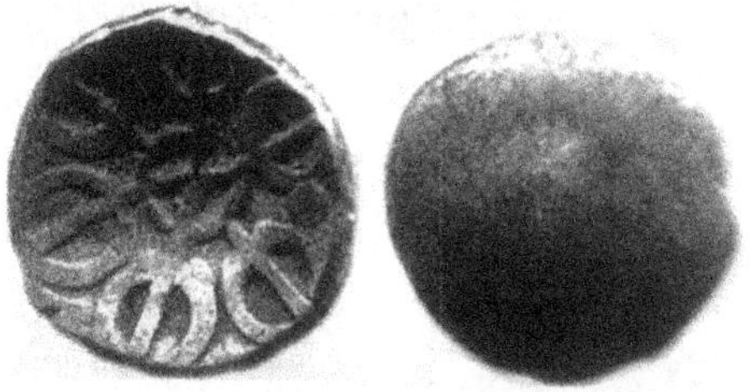

这枚 1/16 萨塔马纳的银币，实测重量 0.67 克，1 萨塔马纳便是 10.72 克，近似于萨塔马纳的理论重量 11 克。

三、其他列国的萨塔马纳

迦尸王国（公元前 7 世纪至公元前 5 世纪）位于恒河流域中游，公元前 525 年被居萨罗王国征服。因此，迦尸王国的钱币都是公元前 6 世纪的钱币。

币 83：迦尸王国半萨塔马纳银币，圆形，生产于公元前 600 年至公元前 525 年，重量 5.50 克，正面有 4 个印记；背面是光面，没有记号。

居萨罗王国（公元前7世纪至公元前5世纪）位于恒河流域上游，公元前475年被摩揭陀王国消灭。居萨罗王国不仅制造和使用卡夏帕那银币，还制造和使用萨塔马纳银币。

币84：居萨罗王国1/4萨塔马纳银币，四边不规则的方形，公元前500年至公元前470年生产，重量2.75克，正面有4个印记，背面有1个戳记。

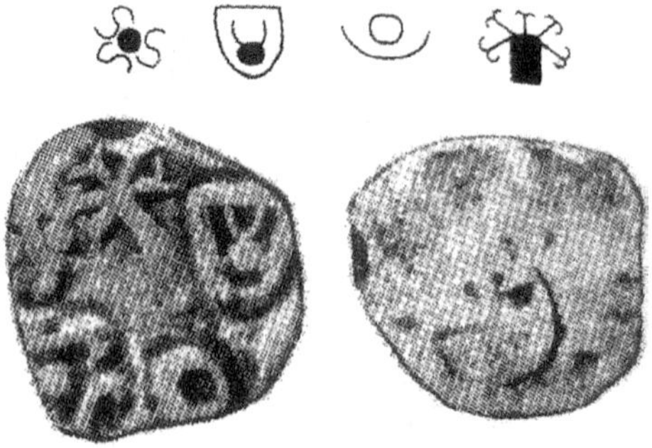

末罗王国（MALLA）位于恒河流域中游，也制造和使用萨塔马纳系列钱币。

币85：末罗王国沙那银币，即1/8萨塔马纳银币，四边不规则的方形，公元前550年至公元前320年生产，重量1.30克，正面是1个大印记，背面是光面。

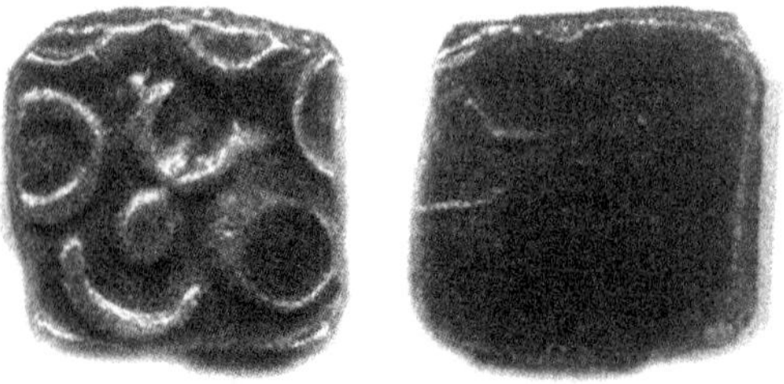

1沙那等于12.5马纳，或1/8萨塔马纳，理论重量1.375克。

犍陀罗、居萨罗、末罗、迦尸王国从印度河流域至恒河流域、从西至东排成一线，连接到摩揭陀王国。然而，摩揭陀王国并不使用萨塔马纳称量标准的货币单位，而是使用苏瓦纳称量标准的货币单位——卡夏帕那。尽管苏瓦纳称量标准起源于印度河流域，印度河流域的犍陀罗却没有使用苏瓦纳称量标准来制造钱币，而是使用萨塔马纳称量标准来制造钱币。苏瓦纳称量标准被广泛使用在遥远的恒河流域中下游地区，特别是下游的摩揭陀王国，并以此传递到印度半岛实现统一的孔雀王朝。

四、萨塔马纳银币上的印记

哈拉巴文明时期的文字是刻在印章上的象形文字，至今尚未被解读。古印度早期钱币上的印记，是对石刻、陶器、印章上的印记的发展和继承。钱币上的印记，也可以看作“未能解读”的图形文字。截至目前，古印度钱币上的印记已发现有五六百种，对它们的解读，众说纷纭，难以统一。

关于各种印记符号，不同城邦有着不同的图案，不同时期也有着不同的图案。萨塔马纳钱币上的印记，多有太阳符和六臂符。

太阳符由实心圆盘或圆眼与芒线组成，芒线数目多在 6 至 16 条。有学者认为，太阳符与宗教信仰有关；另一些学者认为，太阳符代表王朝权力；还有学者认为，太阳符的芒线代表国王所统治的邦国的数目，是一种政治和经济管辖权的象征。

六臂符由圆眼与 6 臂组成，其中 3 臂为箭头，3 臂为公牛徽。有学者认为，六臂符与宗教信仰有关；另一些学者认为，六臂符是王朝的标志；还有学者认为，六臂符是王朝领土扩张的象征。

此外，有些印记是佛丘、树栏、几何图形，可能用来表示地域、部族、王朝等。还有些印记是人、兽、植物，可能用来作为造币场的标志。

第四节　外来的德拉克马银币

古印度本土钱币卡夏帕那和萨塔马纳在列国时代诞生。与此同时，波斯人和希腊人相继侵入印度河流域，引进了希腊化钱币德拉克马。德拉克马钱币进入印度之后，不仅在印度河流域被制造和使用，而且深入到恒河流域。当希腊—巴克特里亚王朝的势力南下印度，建立印度—希腊王朝的时候，德拉克马钱币更成为印度西北部的主要钱币，钱币风格出现了印度化的转变。

一、波斯帝国入侵引进的德拉克马

公元前 520 年，波斯帝国国王大流士一世攻占了印度河流域的旁遮普（PUNJAB）和信德（SIND），将印度河流域、拉其普特沙漠以西的地区划为波斯帝国第 20 行省，将旁遮普以北的犍陀罗划为波斯帝国的第 7 行省。这一局面持续了近 200 年。波斯帝国使用的银币是希腊化银币——德拉克马。所以，德拉克马逐步在印度半岛广泛流通。

德拉克马不仅在印度河流域流通，而且向东进入恒河流域。战国时期的摩揭陀王国位于印度半岛东北部恒河流域。摩揭陀首先征服东部的安迦王国，然后又吞并北方的迦尸王国和西北的居萨罗王国，统一了恒河流域。摩揭陀王国主要有哈尔扬卡王朝、西宋纳迦王朝和难陀王朝。摩揭陀王国不仅制造和流通本土的卡夏帕那银币，而且还制造和流通德拉克马银币。

币 86：摩揭陀王国西宋纳迦王朝德拉克马银币，圆形，公元前 413 年至公元前 364 年生产，重量 3.40 克。正面有 5 个印记，其中有一头大象；背面戳记模糊。

币 87：摩揭陀王国难陀王朝德拉克马银币，四边不规则方形，公元前 364 年至公元前 320 年生产，重量 3.16 克。正面有 5 个印记，其中有一只青蛙；背面戳记模糊。

币 88：摩揭陀王国难陀王朝德拉克马银币，四边不规则方形，公元前 364 年至公元前 320 年生产，重量 3.40 克。正面有 5 个印记，其中有一头大象；背面是光面。

二、马其顿王国入侵引进的德拉克马

波斯帝国入侵印度河流域，将希腊化钱币——德拉克马引进印度半岛。古希腊马其顿王国的国王亚历山大击灭波斯帝国，东进入侵印度，更加将希腊化钱币——德拉克马引进印度地区。

公元前324年，旃陀罗·笈多趁古希腊马其顿国王亚历山大从印度撤军之际自立为王，建立了孔雀王朝。孔雀王朝建立之后，印度半岛不仅使用本土数量货币——卡夏帕那和萨塔马纳，并且继续制造和流通德拉克马。然而，这种德拉克马采用的形状不是希腊钱币的圆形，而是四边不规则的方形，完全体现了印度的风格。

币89：孔雀王朝阿育王德拉克马银币，四边不规则方形，公元前268年至公元前238年在马尔华造币场生产，重量3.20克，正面有5个印记，背面有君王符。

币90：达沙罗陀德拉克马银币，四边不规则方形，公元前232年至公元前225年在马土拉造币场生产，重量3.26克。正面

有 5 个印记，背面有 2 个戳记。

达沙罗陀（公元前 232 年至公元前 225 年在位）是阿育王的儿子。阿育王去世时，达沙罗陀的哥哥库纳拉继位。库纳拉去世时，达沙罗陀继承王位。

币 91：孔雀王朝桑普腊提德拉克马银币，四边不规则方形，公元前 225 年至公元前 207 年在乌贾因造币场生产，重量 3.40 克，正面有 5 个印记，其中有 3 个人像，还有塔上雄鸡和几何图案；背面的图案是塔上雄鸡。

桑普腊提（公元前 225 年继位）是达沙罗陀的儿子，继承了达沙罗陀的王位。

三、希腊—巴克特里亚王朝的德拉克马

公元前 323 年，亚历山大去世，他的部将塞琉古在西亚地区建立了赛琉古王朝。公元前 3 世纪中叶，塞琉古王朝逐步衰败，

远在东方的两省总督先后宣布独立。一个是巴克特里亚总督狄奥多托斯一世，公元前250年建立了希腊—巴克特里亚王国；另一个是帕提亚总督安德拉哥拉斯，宣布独立后不久便被出身里海东南方塞克帕尔尼部族的阿萨克斯所取代。公元前247年，阿萨克斯建立了帕提亚王朝，中国人称其为“安息”。

希腊—巴克特里亚王国位处今天的阿富汗一带，从希腊化的塞琉古王国中分裂出来，继承希腊文化。所以，希腊—巴克特利亚王国的钱币是典型的希腊钱币——德拉克马。

1. 金币，采用“斯塔特”单位，重量8.48克。1斯塔特的重量等于2德拉克马。

2. 银币，采用“德拉克马”单位，重量4.24克，基本遵循希腊阿提卡重量标准。1德拉克马等于6奥波，1奥波重量0.71克。

3. 铜币，采用“查柯”单位，重量2.34克。8查柯铜币等于1奥波银币。

希腊—巴克特里亚王朝与印度—希腊王朝是同一王朝的两个阶段。当希腊—巴克特里亚王朝的势力南下印度河流域之后，就产生了印度—希腊王朝，其钱币的形制也随之发生了印度化的转变。

四、印度—希腊王朝的德拉克马

公元前180年，印度孔雀王朝被巽加王朝推翻。希腊—巴克特里亚王朝的第4任国王德米特里乌斯一世趁机南下印度，占领了犍陀罗、旁遮普直至恒河流域帕特那一带，建立了印度－希腊王朝。印度—希腊王朝延续了170年，直到公元前10年，才在印度—塞克王朝的打击下灭亡。

印度—希腊王朝的钱币不断与印度文化融合，币文从单一希腊文转为希腊文／佉卢文双语；币图由传统的君王／希腊神像转为君王／印度神像；币形除圆形打压币外，又增加了方形币；币材由金银为主转为银铜并用；币重由希腊阿提卡标准逐步转为印度标准。

币 92：印度—希腊王朝米南德二世四查柯铜币，四边不规则方形，公元前 90 年至公元前 85 年在巴尔赫造币场生产，重量 8.29 克。铜币正面是雅典娜手持长矛及棕榈枝站像，周围币文为希腊文“ΒΑΣΙΑΕΩΣ ΔΙΚΑΙΟΥ ΜΕΝΑΝΔΡΟΥ”（公正的米南德国王）；铜币背面的图案是坐狮，面朝右，下方为造币场印记，周围币文是佉卢文。

米南德二世在位时期为公元前 90 年至公元前 85 年。

币 93：印度—希腊王朝赫马厄斯德拉克马银币，圆形，公元前 75 年至公元前 50 年在迦毕试造币场生产，重量 2.35 克。银币正面是赫马厄斯和妻子卡里奥佩叠像，周围币文是希腊文“ΒΑΣΙΛΕΩΣ ΣΩΤΗΡΟΣ ΕΡΜΑΙΟΥ ΚΑΙ ΚΑΛΛΙΟΠΗΣ”（救世主国王赫马厄斯和卡里奥佩）；银币背面的图案是国王骑马，右下方是造币场印记，周围币文是佉卢文。

赫马厄斯是印度—希腊王朝西部领域的最后国王，在位时间为公元前 75 年至公元前 50 年，亡于南侵的大月氏人。

第六章

古罗马的阿斯青铜铸币

古罗马钱币起源于公元前3世纪初期，名曰“阿斯”，属于青铜铸币。

基于意大利半岛青铜称量货币的长期发展演化，以及外来民族——希腊人和埃特鲁里亚人在意大利半岛制造和使用银币对当地居民的影响，公元前3世纪初期，罗马共和国开始铸造自己的钱币——阿斯青铜铸币。罗马共和国铸造钱币，从一开始就采用了政府垄断铸造的方式。

第一节 罗马共和国历史概况

罗马共和国成立之前，有一个王政时代。王政时代共历 7 个国王(REX)，被史家分为前四王时代和后三王时代。公元前 509 年，罗马人民起义，推翻了王政时代的末代国王小塔克文的暴政，建立了罗马共和国。公元前 27 年，屋大维被罗马元老院尊为“奥古斯都”，罗马共和国终结，罗马帝国开始。

一、王政时代

公元前 753 年，罗慕路斯建筑罗马城，成为罗马王政时代的第一个国王。

除了建城，罗慕路斯还干了两件大事。

第一，罗慕路斯在公民中指定一百人作为元老，组织了一个参政机构，称为元老院。第二，罗慕路斯组织大批青壮年抢劫邻邦的青年妇女，由此引发了与邻邦的战争。

邻邦部落联合起来由萨宾人领导，与罗马人展开血战。战争的结果是大家讲和，罗马的罗慕路斯和萨宾的第提斯并立为王，国名为罗马，公民则采用萨宾奎里斯城名，叫作“魁里特”。元老院增加 100 名萨宾人，与原有的 100 人加在一起，总共有 200 名元老。虽然已经讲和，罗慕路斯与第提斯之间的战斗继续不断。五年之后，第提斯战死，罗慕路斯成为唯一的罗马国王。

罗马自王政时代就已经具有了明显的民主因素。国王、库里亚大会和元老院三权分立。国王掌握行政权、司法权、军权和宗教权；库里亚大会（COMITIA CURIATA）代表民众行使权力；元老院（SENATUS, senate）[1]代表贵族行使权力。

在完成了这些不朽的事业后，当罗慕路斯在卡普拉沼地旁的空场上召开民会，检阅军队时，突然刮起了风暴，伴随着喧嚷和雷鸣，浓云把王罩住，以至于整个集会都看不见他的身影，然后罗慕路斯便在地上消失了。[2]

公元前717年，罗慕路斯在暴风中消失，再也没有回来。

元老院选举萨宾人努玛·庞庇里乌斯即位国王，成为罗马王政时代的第二个国王。努玛推崇宗教，搞了许多祭祀仪式和规则，并且设立了大祭司（PONTIFEX MAXIME high priest）的职务，还将罗慕路斯神化，称他为罗马人民神（魁里努斯神）。

罗马王政时代的第三个国王是图鲁斯。图鲁斯即位后，到处争战，扩大了罗马版图。图鲁斯死后，元老院选举努玛的外孙安库斯为王政时代的第四个国王，希望他恢复努玛时代的和平局面。

安库斯死后，前四王时代结束，后三王时代开始。

埃特鲁里亚人卢基乌斯·塔克文游说罗马人民和元老院把他选为国王。从此，王权继承从选举走向阴谋和暴力。

卢基乌斯·塔克文，人称老塔克文，将自己部落的一百名埃

---

〔1〕 大写字为拉丁文，小写字为英文。

〔2〕 ［古罗马］李维：《自建城以来》，王焕生译，中国政法大学出版社2009年版，第25页。

特鲁里亚人拉进元老院，使元老院的人数增加至三百人。

老塔克文死后，王后秘不发丧，让女婿塞尔维乌斯代行国政，然后宣布老塔克文去世，由塞尔维乌斯即位。

塞尔维乌斯做了四十四年国王，最后被他的女婿，老塔克文的儿子或者是孙子小塔克文杀害。小塔克文使用阴谋和暴力杀害了赛尔维乌斯，夺取了政权，没有经过元老院和人民大会的同意就做了罗马国王，开始实行暴政。

二、共和国的建立

关于小塔克文的现存史料不多，他被描述为暴君和独裁者。他把很多精力用于战争，吞并了不少邻近的拉丁城镇。公元前509年，卢基乌斯·尤尼乌斯·布鲁图斯领导人民起义，推翻了小塔克文的统治。

据传说，赛尔维乌斯原将两个女儿中性格内向的公主许配给小塔克文，将另一位性格好胜的公主特莉亚许配给小塔克文性格沉稳的兄弟。婚后，性格内向的公主与小塔克文的兄弟无故暴毙。于是，丧偶的小塔克文与丧偶的公主特莉亚结婚。塞尔维斯乌斯虽是当时的国王，但公主却不一定是下一任的王妃。于是，特莉亚便煽动小塔克文夺取王位。小塔克文首先拉拢第五任国王老塔克文招徕到罗马的埃特鲁里亚人，并进一步成功拉拢新兴阶级的元老院议员。之后，小塔克文带领一批武装男子到元老院发表演说，企图篡位。塞尔维斯乌斯赶来阻止无果，并被小塔克文摔倒在地。塞尔维斯乌斯回到王宫，没有被小塔克文安排的杀手杀死，却被自己的女儿特莉亚驾车碾死。

赛尔维乌斯死后，小塔克文成为国王，开始实行暴政。

组织人民推翻小塔克文的领导者们都是小塔克文的亲戚。一个是小塔克文的外甥卢基乌斯·尤尼乌斯·布鲁图斯，另一个是小塔克文的堂侄卢基乌斯·塔克文·科拉提努斯，还有一个是科拉提努斯的岳父斯普里乌斯·卢克里契乌斯。

公元前509年，造成小塔克文被推翻的直接导火索并不是暴政，而是这里面出现了一个更小的塔克文——小塔克文的儿子塞克斯图斯·塔克文。这个更小的塔克文强奸了卢基乌斯·塔克文·科拉提努斯的妻子卢克瑞提娅。而卢克瑞提娅不甘受辱，自尽身亡。

> 当时布鲁图斯号召人们推翻王政，人们都把他作为首领追随他。卢克瑞提娅的遗体被从家里抬到广场，人们像经常发生的那样，为这样一件惊人的事情及其可鄙性所吸引，聚集了起来。[1]

卢基乌斯·尤尼乌斯·布鲁图斯号召人民起义，将小塔克文赶出罗马城。莎士比亚的诗歌《卢克瑞提娅受辱记》即源于这一历史事件。

随后，卢基乌斯·尤尼乌斯·布鲁图斯和卢基乌斯·塔克文·科拉提努斯两人被选为执政官（CONSUL，consul），终止了国王政治。

从此，罗马共和国的历史揭开了大幕。

---

〔1〕［古罗马］李维：《自建城以来》，王焕生译，中国政法大学出版社2009年版，第61页。

三、共和国的组织

罗马共和国（拉丁文：SENATVS POPVLVSQVE ROMANVS）是罗马在公元前 509 年至公元前 27 年之间的政体，其正式的名称是“元老院与罗马人民”。

罗马共和国的领导机关是元老院（SENATUS），职数一般为 300 人。王政时期元老由国王任命。共和国初期，元老的任命权属于执政官。公元前 4 世纪，根据奥维尼乌斯法，元老的任命权转移到监察官手里。

罗马共和国代表人民的会议有三种形式：库里亚大会（COMITIA CURIATA）、百人团（COMITIA CENTURIATA）和特里布斯（COMITIA TRIBUTA）。库里亚大会是古老的形式，百人团和特里布斯出现后，库里亚大会就失去了意义。百人团起初是城市民军的一种会议，由握有军事大权的高级官吏，如执政官、独裁官等召集，可以决定立法、战争、选举官员、审判刑事案件等。特里布斯是平民的会议。

两位执政官（CONSULES）是共和国的最高官吏。他们是在百人团会议上选出的，任期一年。执政官具有军事权和民政权。作为军事大权的代表者，他们是罗马军队的总司令官。作为民政权的代表者，执政官召集元老院和人民大会，担任主席，提出建议和法案，领导官吏的选举。他们又是元老院和人民会议决议的主要执行者。

两位监察官（CENSORES）从过去离任的执政官里选出，任期 18 个月。

保民官(TRIBUNUS)出自平民,由特里布斯会议选举产生,任期一年。保民官具有否决权。对于元老院的决议,如果保民官发现它们与平民的利益不符的话,有权予以否定。

此外,罗马共和国还有独裁官、财务官、大法官、营造官等。其中独裁官是当国家遇到危险的时候产生的临时职务,任期不得超过6个月。

四、共和国的终结

罗马共和国晚期,军事首领凯撒以军事独裁的手段,终结了罗马共和国的民主制度。

凯撒出生于公元前100年。

公元前60年,凯撒当选为罗马共和国执政官,与庞培、克拉苏订立盟约:

> 国家的任何一项措施都不得违反他们三人之一的意愿。[1]

历史学家将这个联盟称为“前三头同盟”。为了巩固这一政治联盟,50岁的庞培娶了凯撒年仅14岁的独生女儿大尤利娅。3人结盟后,势力大增。为了争取更多的政治同盟,凯撒娶了他下任执政官卢基乌斯·庇索的女儿卡尔普尼娅为妻。

> 因此凭借岳父和女婿的支持,他从全部行省中挑选了

〔1〕[古罗马]苏维托尼乌斯:《罗马十二帝王传》,张竹明、王乃新、蒋平等译,商务印书馆1995年版,第11页。

高卢，因为这是个最可能使他发财也最可能为他军事上的胜利提供必要物资的地方。[1]

公元前58年，凯撒完成执政官任期后，被授予作为总督管理高卢（今法国南部）和伊利里亚（今巴尔干半岛亚得里亚海沿岸地区）5年的权力。刚到任，凯撒便发动了高卢战争。这场战争从公元前58年延续到公元前49年。

公元前53年，克拉苏东征帕提亚战败身亡。元老院拉拢庞培，打击凯撒，前三头同盟崩溃。

公元前49年，凯撒在高卢作为总督的任期早已超过，元老院命令他回罗马。凯撒回信要求延长高卢总督任期，元老院拒绝并发出最终劝告，表示如果他不立刻撤回罗马，将宣布他为国敌。

公元前49年1月10日，凯撒率领5000人马，来到高卢与意大利本土的分界线——卢比孔河。跨过这条河，越过自己的辖区，他就犯了叛国罪。凯撒对士兵声泪俱下地发表了演说，这演说达到了意想不到的效果。

他撕破胸前的衣襟，恳求他们的忠诚。这种举动曾被理解为答应给每人以骑士地位。然而这是误会，因为，当他向他们发表演说和激励他们前进的时候，他经常指着自己左手手指，宣布为了让所有维护他荣誉的人满意，摘下自己的指环他都甘心情愿。这时那些站在会场边缘地方的人容易看见他的动作，却不那么容易听清他说的话。他们

〔1〕［古罗马］苏维托尼乌斯：《罗马十二帝王传》，张竹明、王乃新、蒋平等译，商务印书馆1995年版，第14页。

> 猜测他的话是在解释自己手势的含义。于是小道消息传开了，说凯撒答应授予他们指环和40万赛斯特尔提乌斯的权利。[1]

凯撒的演说，使士兵们误以为他会在胜利后授予每个士兵骑士地位和40万塞斯特提[2]的财产。由于这些误会，士兵们不顾一切地攻入罗马，罗马共和国制度崩塌了。

庞培逃到埃及，被埃及人杀害了。凯撒追到埃及，使埃及艳后克利奥帕特拉成为他的情妇，并帮助她掌握了埃及的国家权力。

公元前47年6月，凯撒离开埃及，率兵出征叙利亚。公元前45年，凯撒又出征西班牙。许多战争，无数杀戮，尸横遍野的人间惨烈，产生着一次又一次的胜利，凯撒终于得到元老院的臣服。

凯撒被推举为终身独裁官（DICTATOR，dictator）、为期十年的执政官、终身保民官和罗马大祭司，集军、政、宗教大权于一身。

凯撒的独裁统治，已经将民主制度全面推翻，共和国实际上已经名存实亡，不复存在。

公元前44年3月15日，一群坚持民主制度的元老将凯撒刺死。

但是，罗马共和国已经无法恢复，罗马帝国的大幕已经揭开。

凯撒的养子屋大维来了，他使用凯撒留下的金钱组织了军

〔1〕［古罗马］苏维托尼乌斯：《罗马十二帝王传》，张竹明、王乃新、蒋平等译，商务印书馆1995年版，第21页。

〔2〕塞斯特提：铜币。1枚塞斯特提铜币等于2.5枚阿斯铜币。

队，击败了所有的政敌，创建了罗马帝国的核心制度——元首制。公元前 27 年，屋大维被元老院尊为“奥古斯都”，罗马共和国到此终结，罗马帝国从此开始。

第二节 青铜称量货币单位阿斯

公元前 753 年，罗慕路斯建筑罗马城，罗马本土居民使用以“阿斯”为单位的青铜称量货币。公元前 509 年，罗马共和国成立，罗马本土居民继续使用青铜称量货币，而意大利半岛上的希腊人和埃特鲁里亚人则开始使用他们自己打制的银币。这种局面，一直延续到公元前 289 年，罗马共和国开始铸造自己的阿斯青铜铸币。

一、王政时代的重量单位阿斯

阿斯是意大利半岛本土的重量单位。阿斯作为重量单位，何时产生，目前尚无考证。古罗马历史文献中讲述的最早的阿斯，出现于王政时代第 6 个国王塞尔维乌斯（公元前 578 年至公元前 534 年在位）关于按照居民财产数量分配军事参与权有关规定的文献中。这段文献出自生活在罗马共和国与罗马帝国之际的古罗马历史学家提图斯 · 李维的著作《罗马自建城以来的历史》。

提图斯 · 李维 (TITUS LIVIUS，公元前 59~ 公元 17 年)，历史学家，出身贵族，早年学习过文学、史学、修辞学、演说术等。

李维与屋大维交往甚密。屋大维打败马克·安东尼之后，李维奉命教授屋大维的继孙克劳狄，即后来的罗马元首克劳狄一世。李维的代表著作是《罗马自建城以来的历史》。

李维拥护屋大维创立的元首制，但其思想仍然偏向于共和制，为了挽救中后期的罗马共和国，他决定写一部史书来记述罗马人祖先的英勇，避免罗马共和国的覆灭，于是创作了《罗马自建城以来的历史》（以下简称罗马史），书中充满爱国思想、道德说教、复古主张和对共和制度的赞扬。

李维著述丰富，但是流传下来的著作只有《罗马自建城以来的历史》一书。他用 40 年左右时间写成的这部古罗马历史巨著，共 142 卷，记述自传说中的埃涅阿斯（传说中的罗马人祖先）到达意大利半岛起，至公元前 9 年的历史（其中许多卷已经丢失残缺）。

根据《罗马自建城以来的历史》的记载，王政时代的第 6 任国王塞尔维乌斯在全国范围做了一次人口和财产的普查，按照财产多寡将居民分为 6 个等级：财产 10 万阿斯及以上的居民为第 1 等级；财产 7.5 万阿斯至 10 万阿斯的居民为第 2 等级；财产 5 万阿斯至 7.5 万阿斯的居民为第 3 等级；财产 2.5 万阿斯至 5 万阿斯的居民为第 4 等级；财产 1.1 万阿斯至 2.5 万阿斯的居民为第 5 等级；财产 1.1 万阿斯以下的居民为第 6 等级。赛尔维乌斯规定不同等级的居民享受不同的政治权利和担任不同的军事职务。

首先是一次著名的改革，改革的内容就是在于规定财产的资格，在于依靠财产资格，不论所属的等级而来分配政治权利和军事职务。[1]

塞尔维乌斯规定居民具体的军事参与权分配规则如下：[2]

(1)他从拥有十万或十万以上阿斯的人中组成八十个百人队，年长的和年轻的各四十个；[3]

(2)所有这些人被称为第一等级；年长者随时处于防守城市状态，年轻者在外进行战争；他们需要准备的武装包括头盔、圆盾、胫甲、铠甲，全部用青铜制造；这些装备是为了保护身体；

(3)对敌作战武器是矛和剑。两个工匠百人队附属于这一等级，他们不带武器地服役，其任务是战时运送机械。

(4)组成第二等级的人的财产在十万至七万五千之间，从他们中包括年长的和年轻的，征募二十个百人队，武器装备以长方形盾代替圆盾，除了铠甲外，其他装备相同。

(5)他要求第三等级的财产为五万阿斯，组成同样数量的百人队。对百人队年龄也作同样划分；对武装也未作任何改变，不过免除胫甲。

---

〔1〕［俄］科瓦略夫：《古代罗马史》，王以铸译，上海书店出版社1957年版，第65页。

〔2〕［古罗马］李维：《自建城以来》(第一至十卷选段)，王焕生译，中国政法大学出版社2009年版，第49页。

〔3〕按照当时的年龄划分：年长的：四十六所至六十岁；年轻的：十八岁至四十五岁。

(6)入第四等级的人的财产为二万五千阿斯,组成同样数目的百人队,武装有变化;除了长矛和短投枪外不再提供任何武器;

(7)第五等级被增加,组成三十个百人队;他们随身携带投石器和投掷的石块;角号手和喇叭手组成两个百人队,分配给他们随行;

(8)这一等级的财产定为一万一千阿斯。少于这个财产的为其他居民,从中组成一个百人队,免除兵役。

二、《十二铜表法》中的阿斯

罗马本土居民开始制造和使用钱币的时间在公元前3世纪。

直到公元前4世纪晚期,罗马依然是一个没有钱币的国家,而且也没有证据证明当时罗马有在使用其他国家的钱币。考古证据表明,罗马城邦未发现任何早于公元前三世纪的货币。[1]

公元前6世纪王政时代塞尔维乌斯提到的阿斯货币是以阿斯为单位的青铜称量货币,而不是金属数量货币——钱币。到了公元前449年(罗马共和国初期),罗马人制定了《十二铜表法》,其中规定有阿斯货币的使用,这时的阿斯货币与王政时代的阿斯货币一样,仍然是青铜称量货币,而不是金属数量货币——钱币。

---

〔1〕[英]迈克尔·H.克劳福德:《罗马共和国货币史》,张林译,法律出版社2019年版,第21页。

《十二铜表法》是刻在十二块板子(表)上的法律。李维说板子是铜的，所以这部法典被称为"十二铜表法"。表(tabula)指的是古罗马当时书写或铭刻所用的木板、金属板或象牙板等。根据后期的《学说汇纂》中的记载，这十二表是象牙做的，应该称其为"十二表法"。

《十二铜表法》是古罗马第一部成文法典，它的产生是平民(plebeians)与贵族(patricians)斗争的结果。经过几年激烈斗争，平民与贵族达成妥协，由贵族组成立法委员会制定法律。于是，罗马共和国成立了由贵族组成的十个委员会(decemvirs)。经历了一段时间的工作，委员会先制定了十表法律，后来又补充了两表法律。公元前449年，委员会完成了《十二铜表法》的制定。

公元前390年，高卢人入侵罗马，《十二铜表法》被占领军焚毁。现在所知的文本，是后世学者从各种文献中收集、整理而成。因此，对于《十二铜表法》的真伪曾引起学者们的争论。经过多方研究和论证，从历史、法律、语言、社会诸方面进行考证，公元1903年在罗马召开的国际历史学会议上，学术界认定《十二铜表法》为真实可信。

目前，根据各种资料记载汇总的十二铜表法的内容共有104条，其中9处使用了货币，用于诉讼保证金、罚赎等，货币单位不仅有阿斯，还有赛斯特提。但是，当时的阿斯和赛斯特提只是重量单位，铜金属尚处于称量货币形态。

《十二铜表法》以下条文涉及阿斯货币的使用:

第二表：审判条例（续）

第一条：

盖约《律例》Ⅳ .14：

十二铜表法规定，诉讼款额在一千以上阿斯者，【向教长金库】缴纳诉讼保证金【五百阿斯】，最低数额的诉讼——五十阿斯。如争论有关某人的自由，则尽管此人财产估值极高，但法律仍规定，【其自由犹在争论之人】的诉讼保证金【全部仅缴】五十阿斯之数。[1]

这个条文在盖约《律例》中提到。

盖约指的是盖约·格拉古（公元前154年至公元前121年），他于公元前123年至公元前121年任罗马保民官，进行了社会改革，于公元前121年被罗马元老院派来的军队逼迫而死。盖约作为保民官时期，罗马已经有以阿斯为名称的青铜铸币流通。这里提到《十二铜表法》，则是公元前449年制定的法律。公元前449年，罗马还没有青铜铸币。盖约律例讲述的《十二铜表法》，指的是公元前449制定的法律，有关法律条文讲到的阿斯，应该是称量货币单位。

第八表　伤害法

第三条：

如用手或棒子打断自由人的骨头，则应缴纳罚金三百

〔1〕 江平主编、《世界著名法典汉译丛书》编委会编：《十二铜表法》，法律出版社2000年版，第6页。

阿斯，如为奴隶，则为一百五十阿斯。

第四条：

如果欺侮人，则罚款二十五。[1]

第十一条：

普尼林，《自然史》，17.1.7：

在十二铜表内指出，蓄意采伐他人树木的犯罪者，每棵处于二十五阿斯的罚金。[2]

三、《十二铜表法》中的塞斯特提

塞尔维乌斯的时代，在公元前6世纪。李维的有关讲述，只提到阿斯货币。《十二铜表法》的制定，在公元前5世纪初期，其中除了阿斯货币，还提到赛斯特提货币（第7表第12条）。

塞斯特提 [SESTERTIUS] 的拉丁文由"SEMI"（1/2）和"TERTIUS"（第三）组成，意思第三个是半个。第三个是半个，暗含的意思是前两个不是半个，而是整个。那么，全部的意思就是两个整个加上半个，即2.5个阿斯。1塞斯特提等于2.5阿斯。

第七表：土地权利法

第十二条：

乌尔皮阿努斯，《特殊条例集》，Ⅱ.4：

〔1〕 江平主编、《世界著名法典汉译丛书》编委会编：《十二铜表法》，法律出版社2000年版，第35页。

〔2〕 江平主编、《世界著名法典汉译丛书》编委会编：《十二铜表法》，法律出版社2000年版，第38页。

十二铜表法规定，如【被继承人】作下列的嘱咐：【在】他付给我的继承人一万塞西忒斯【的条件下】，【我释放奴隶】，则即使该奴隶离开了继承人，他仍必须付给买主以所规定的钱款，才能得到自由。[1]

《十二铜表法》第7表第12条讲的是购买奴隶，价格是1万塞斯特提（中文译作"塞西忒斯"），即2.5万阿斯。此时，罗马还没有制造和使用自己的钱币。所以，《十二铜表法》中提到的阿斯和塞斯特提，都是青铜称量货币单位。当时的阿斯重量为327克，塞斯特提重量为817.5克，奴隶价格1万塞斯特提，令人难以置信。

此外，《十二铜表法》还有关于货币借贷利率的规定、关于盗窃的处罚规定和关于高利贷的处罚规定。

第十八条A

塔西陀，《年代记》，Ⅵ.16：

十二铜表初次规定，任何人不得取得超过百分之一【月】息，而在这种规定之前，是随财主所欲纳息。

这个条文出自塔西陀的《年代纪》。

塔西陀（公元55年至公元117年）是罗马帝国执政官、雄辩家、元老院元老，也是著名的历史学家与文体家，他的最主要的著作是《历史》和《编年史》，从公元14年奥古斯都去世，提比略继位，一直写到公元96年图密善逝世。

---

〔1〕 江平主编、《世界著名法典汉译丛书》编委会编：《十二铜表法》，法律出版社2000年版，第33页。

第十八条B

加图,《农业志》,序言,1:

我们祖先曾有【惯例】,并在法律内规定,对窃贼处以缴纳【窃物】价值之二倍的罚款,对高利贷者则【处以】【所得利息】之四倍的罚款。[1]

加图(CATO,公元前234年至公元前149年),又称老加图(Cato Maior)或监察官加图(Cato Censorius)以与其曾孙小加图区别,罗马共和国时期的政治家、国务活动家、演说家,公元前195年的执政官。他也是罗马历史上第一个重要的拉丁语散文作家。他的主要著作有《创始记》和《农业志》。

四、阿斯与德拉克马的接轨

阿斯是意大利半岛本土的重量单位。公元前8世纪,希腊人进入意大利半岛,使希腊重量单位德拉克马与意大利本土重量单位阿斯之间发生了接轨。

古希腊是分散的许多城邦,各城邦的重量标准不同,主要有小亚细亚德拉克马标准和阿提卡德拉克马标准。小亚细亚的古希腊城邦包括小亚细亚地中海沿岸的古希腊城邦和临近的萨摩斯岛上的古希腊城邦。

据考证,阿斯重量标准为1罗马磅,折合现代327克。

1罗马磅(POUND)等于12盎司(OUNCE)。

---

〔1〕 江平主编、《世界著名法典汉译丛书》编委会编:《十二铜表法》,法律出版社2000年版,第41页。

根据古希腊小亚细亚德拉克马标准：

1 阿斯等于 12 盎司，1 盎司为 27.25 克，等于 8 德拉克马（DRACHM），1 阿斯等于 96 德拉克马。1 德拉克马重量 3.41 克，接近于小亚细亚德拉克马标准（3.33 克）。

根据古希腊阿提卡德拉克马标准：

1 阿斯等于 12 盎司。1 盎司为 27.25 克，等于 6.25 德拉克马。

1 阿斯等于 75 德拉克马。1 德拉克马重量 4.37 克，接近于阿提卡德拉克马标准（4.37 克）。

阿斯与德拉克马的接轨是不严谨的，比例关系只是大约的数字。特别是，古希腊各城邦有着不同的德拉克马标准，与阿斯的换算更加难以确定。阿提卡标准是古希腊本土上最重要的重量标准，即 1 德拉克马等于 4.37 克。根据这个标准，古希腊 1 弥那等于 100 德拉克马，等于 16 罗马盎司，即 27.25 × 16=436 克；而古罗马 1 阿斯等于 12 罗马盎司，即 27.25 × 12=327 克。

第三节　青铜称量货币与外来钱币并行

意大利半岛上的青铜称量货币何时兴起，目前尚无考证。到了公元前 6 世纪末期，作为外来民族的希腊人和埃特鲁里亚人开始在意大利半岛上使用银币的时候，本土居民仍旧使用青铜称量货币。这种情形一直延续到公元前 3 世纪初期，都没有能够改变。

一、两种外来钱币

古罗马早期的两种外来钱币是希腊银币和埃特鲁里亚银币。

公元前 8 世纪，意大利半岛上出现了两个外来民族：希腊人【HELLENES】和埃特鲁里亚人【ETRURIA】。

当时，希腊人向海外殖民，进入南意大利和西西里岛。到了公元前 6 世纪末期，希腊人已经有了自己打造的金属数量货币。于是，希腊人在意大利半岛上开始打制银币。所以，意大利半岛上最早流通的钱币是希腊银币或仿照希腊银币打制的银币。

> 公元前 6 世纪期间，大希腊城邦以及其他希腊文明世界，都设立了货币主管机构。与其他许多地区一样，希腊人在意大利地区无论是因为驱逐、征服、同化了当地人，还是因为和当地人发生了通婚，生产和使用货币都仅限于他们的城邦及其“chorai”(乡村)。〔1〕

除了希腊人之外，埃特鲁里亚人也开始在意大利半岛打制银币。

古人认为埃特鲁里亚人来自东方的小亚细亚(今土耳其境内)，今天的一些考古发现也证实了这一点。从起源看，他们似乎不是古意大利人，他们的文明混合了来自东方的因素。

埃特鲁里亚人最初崛起于意大利东北部及亚平宁山区和第勒尼安海之间的沿海平原地区。埃特鲁里亚人居住在独立的、强

---

〔1〕［英］迈克尔·H. 克劳福德：《罗马共和国货币史》，张林译，法律出版社 2019 年版，第 1 页。

大的城邦中，城邦之间通常结成联盟。这些城邦最初由一个君主统治，后来变成通过议会和选举出的官员施行统治的寡头政治。

埃特鲁斯里亚本来是农耕部族，拥有组织严密的军队。他们用这些军队统治周边民族，同时他们也经营商业和从事手工业。托斯卡纳和北部的拉丁姆地区应该是埃特鲁里亚人最早的定居地。一小部分拉丁人在这片领土的南端生息繁衍，在那里最终建立了罗马城。因此，在埃特鲁里亚文明鼎盛时期还只是村民的罗马人，与埃特鲁里亚人的语言、思想和宗教有着紧密的联系。埃特鲁里亚人对罗马文化向文明的转化产生了独一无二的最重要的影响。

古希腊历史学家希罗多德（公元前 480 ~ 公元前 425 年）曾在他的著作中提出，埃特鲁里亚人来自小亚细亚的吕底亚。公元前 8 世纪至公元前 6 世纪，吕底亚是世界上商业最为发达的地区。并且，就在那段时间里，吕底亚人制造出西方世界最早的金属数量货币——钱币。

埃特鲁里亚人进入意大利半岛，自然将钱币带入这个地区。埃特鲁里亚人的努米银币重量大约 11 克，恰好与吕底亚王国纯银币的重量一致。

二、希腊德拉克马银币

德拉克马银币是希腊钱币。

古代希腊是世界上最早生产钱币的地区之一。公元前 6 世纪，希腊各城邦就开始打造钱币了。德拉克马是希腊重量单位，其重量折合现代多少克，在不同地区、不同时代是不同的。与中国重量单位“斤”一样，希腊重量单位“德拉克马”有着缓慢减重的倾向。

公元前8世纪至公元前6世纪，古希腊掀起了大规模的殖民运动。希腊人在意大利南部和西西里岛建立了殖民城邦。于是，到了公元前6世纪晚期，希腊银币就成为意大利地区最早出现的钱币。

公元前4世纪晚期的南意大利地区，钱币的制造和使用很大程度上局限于大希腊地区的城邦。这时期流通的钱币多是二德拉克马银币。

> 根据我的观点，不仅那不勒斯在整个公元前四世纪制造了货币，而且库迈和希里纳直到公元前四世纪中期，或许比这更晚，至少还一直在打制二德拉克马。[1]

古罗马崛起，继续使用希腊银币，德拉克马就成为罗马最早的钱币。罗马早期的德拉克马，大多也是二德拉克马银币。直到公元前289年，罗马共和国自行制造阿斯青铜铸币，同时又制造二德拉克马银币。在希腊文明的发源地——克里特岛，二德拉克马银币就是最早的吕底亚纯银币斯塔特。当时，克里特岛上有斯塔特银币，也有德拉克马银币，1枚斯塔特银币等于2枚德拉克马银币。然而，公元前5世纪克里特岛上的斯塔特银币的重量大于11克，而罗马共和国在公元前3世纪制造的二德拉克马银币的重量只有6～8克。显然，克里特岛上的斯塔特银币或二德拉克马银币传入意大利半岛之后，与意大利的重量制度相结合，产

〔1〕［英］迈克尔·H.克劳福德：《罗马共和国货币史》，张林译，法律出版社2019年版，第34页。

生了新的重量标准，使德拉克马银币出现了大幅度的减重。

三、埃特鲁里亚努米银币

努米是埃特鲁里亚钱币。

根据考古发现，公元前5世纪，埃特鲁里亚人在武尔奇（今意大利中部的维泰博省）制造了银币。

币94：意大利半岛上的努米（NUMMI）银币，公元前480年至公元前400年生产，重量11.2克，正面是两个翅膀的戈耳工[1]向左急行，背面的纹饰是车轮。

这时候，在埃特鲁里亚人居住的地区，货币单位不是阿斯【AS】，而是努米【NUMMI】，常用复数形式是努姆斯【NUMMUS】。

努姆斯是个外来词汇，源于大希腊地区或西西里岛的钱币术语，通过埃特鲁里亚传入翁布里亚。罗马人也借用了这一外来词汇，并且用它来表达“标准货币”的意思。例如，在罗马共和国时期，将标准银币狄纳里称为“NUMMUS DENARRIUS”（标准狄纳里）；将标准铜币塞斯特提称为“NUMMUS SESTERTIUS”（标

〔1〕 戈耳工：希腊神话中的蛇发女妖三姐妹，见到她们的人就会变成石头。

准塞斯特提）。

四、外来钱币与本土称量货币并行

尽管早在公元前 6 世纪至公元前 5 世纪，希腊人和埃特鲁里亚人在意大利半岛上打制并使用德拉克马银币和努米银币，但就罗马本土居民而言，直到公元前 4 世纪晚期，罗马人依旧使用青铜称量货币，还没有自己制造的钱币。

> 直到公元前 4 世纪晚期，罗马依然是一个没有钱币的国家，而且也没有证据证明当时罗马有在使用其他国家的钱币。考古证据表明，罗马城邦未发现任何早于公元前三世纪的货币。[1]

罗马历史学家普林尼认为，王政时代的第六个王，塞尔维乌斯·图利乌斯（公元前 578 ~ 公元前 534 年）在公元前 6 世纪发明了青铜币。然而，这种说法并没有出土文物的证据。

李维在《自建城以来》中也讲到塞尔维乌斯从拥有 10 万或以上阿斯货币的人中组成 80 个百人队。塞尔维乌斯是公元前六世纪中叶的罗马王。考古证明，这时候罗马还没有开始制造钱币。阿斯是铜金属称量货币的单位。

《十二铜表法》也记载了阿斯被用来作为罚赎计量的工具：

公元前 3 世纪初期，罗马出现了以阿斯或罗马磅为单位的青铜铸币。

---

〔1〕［英］迈克尔·H. 克劳福德：《罗马共和国货币史》，张林译，法律出版社 2019 年版，第 21 页。

> 整体来看，罗马共和国最初阶段的钱币，包括银币、以希腊币模制造的青铜代币和以1阿斯或者1罗马磅（或者约1罗马磅）为重量单位的青铜铸币。[1]

有了自己的钱币，罗马人却继续使用外来钱币，特别是使用希腊银币和埃特鲁里亚银币，让这些外来钱币与本土钱币并行流通。

第四节　阿斯青铜铸币的诞生

自公元前509年罗马共和国建立至公元前289年罗马共和国始发阿斯青铜铸币，罗马共和国的货币处于第一阶段——本土称量货币与外来钱币并行阶段；自公元前289年罗马共和国始发阿斯青铜铸币至公元前211年罗马共和国建立狄纳里银币制度，罗马共和国的货币处于第二阶段——青铜铸币阶段。

阿斯青铜铸币的铸造权掌握在国家政府手里。国家政府依靠财政收支优势，将阿斯青铜铸币的用铜量不断减少，以尽力扩大货币供应。于是，在这个阶段里，1枚阿斯的重量从原来的327克降至54.5克。

此外，罗马造币场还仿制了希腊人的德拉克马银币以及希腊人的斯塔特金币。

---

〔1〕［英］迈克尔·H.克劳福德：《罗马共和国货币史》，张林译，法律出版社2019年版，第36页。

一、青铜铸造的阿斯钱币

公元前509年至公元前289年，罗马共和国前期，除了外来的希腊银币和埃特鲁里亚银币，罗马本土居民主要使用青铜称量货币。罗马本土居民铸造和使用青铜铸币，经历了一个逐步演化的过程。公元前6世纪出现的块状青铜被称为“粗铜币”【AES RUDE】，属于青铜称量货币的范畴。公元前3世纪初，出现了长方形有图像的“印记铜币”【AES SIGNATUM】。仍属于有印记的青铜称量货币。

真正成为流通钱币，始于公元前289年罗马共和国政府铸造的“重铜币”【AES GRAVE】。

根据学者们现有的考证，公元前289年至公元前211年，罗马共和国垄断铸行的货币，主要是青铜铸币。此时，远在东方的中国，已经到了战国晚期。当时中国的货币也是青铜铸币，具体形制为布币、刀币、贝币和圜钱。铸币不同于打制币，铸币是将金属烧融为汁，浇灌在模具中，冷却后成形为钱币；打制币则是将金属块放在模具中敲打，使其成形并出现图案的钱币。

罗马共和国最早的青铜铸币，单位是1罗马磅，即1阿斯。英国货币学家迈克尔·H. 克劳福德说：

> 罗马早期的金属货币单位当然是1磅青铜，即1阿斯。尽管从以钱币形式出现开始，直到公元前141年，阿斯的重量都在持续减少，但它始终都是罗马的货币

单位。[1]

根据英国的货币学家罗伯特·泰耶的考证，罗马共和国时期，1 罗马磅折合现代大约 327 克。

但是，目前出土的青铜铸币阿斯，一般都轻于 1 罗马磅。

二、以阿斯为计量单位的各种钱币

罗马共和国前期，核心钱币是阿斯青铜铸币，各种不同单位的青铜铸币，都是以阿斯为计量单位的。

塞斯特提 [SESTERTIUS] 的拉丁文由“SEMI”（1/2）和“TERTIUS”（第三）组成，意思第三个是半个。第三个是半个，暗含的意思是前两个不是半个，而是整个。那么，全部的意思就是两个整个加上半个，即 2.5 个阿斯铜币。1 枚塞斯特提铜币等于 2.5 枚阿斯铜币。

都蓬第 [DUPONDIUS] 的拉丁文由“DUO”（2）和“PONDUS”（重量）组成，意思是两倍重量的阿斯铜币。1 枚都蓬第铜币等于 2 枚阿斯铜币。

塞米斯 [SEMIS] 的拉丁文“SEMI”（1/2），意思是半个阿斯铜币。1 枚塞米斯铜币等于半枚阿斯铜币。

屈莱恩【TRIENS】的意思是 1/3 阿斯铜币，1 阿斯铜币等于 3 屈莱恩铜币。

夸德伦 [QUADRANS] 的拉丁文“QUADRA”（1/4），意思是

〔1〕［英］迈克尔·H. 克劳福德：《罗马共和国货币史》，张林译，法律出版社 2019 年版，第 26 页。

1/4 个阿斯铜币。1 枚夸德伦铜币等于 1/4 枚阿斯铜币。

塞克斯坦【SEXTANS】的意思是 1/6 阿斯铜币，1 阿斯铜币等于 6 塞克斯坦铜币。

盎司 [UNCIA] 的拉丁文 "UNCIA"（1/12），意思是 1/12 阿斯铜币。1 枚盎司铜币的等于 1/12 枚阿斯铜币。

下面举例说明这几种阿斯从属单位的青铜铸币：

币 95：塞米斯青铜铸币，公元前 241 年至公元前 222 年生产，直径 50 毫米，正面是战神马尔斯朝右的头盔肖像，背面也是马尔斯头盔肖像，但头朝左，下面币文 "S"。

币 96：屈莱恩青铜铸币，公元前 280 年至公元前 276 年在罗马造币厂生产，重量 94.55 克，正面是相交两霹雳，两侧共有 4 个圆点；背面是海豚，下面有 4 个圆点。

屈莱恩是 1/3 阿斯，理论重量 109 克，实测重量 94.55 克，

两者比较接近。这枚铜币的生产时间是公元前 280 年至公元前 276 年，距罗马人始铸铜币的时间不远，但已发生较小幅度的减重。这说明，罗马共和国青铜铸币的减重是循序渐进、持续稳定的。

币 97：夸德伦青铜铸币，公元前 280 年至公元前 269 年在罗马造币厂生产，重量 72.56 克，正面是两棵直立的麦穗，中间有 3 个圆点；背面是右手手掌，手掌左面有 3 个圆点。

币 98：塞克斯坦青铜铸币，公元前 240 年在罗马造币厂制造，重量 49.77 克，正面是扇形贝壳，两侧有 2 个圆点；背面是传令杖，两侧有 2 个圆点，右下方有一把镰刀。

币 99：盎司青铜铸币，公元前 269 年至公元前 240 年在罗马造币厂制造，重量 20.75 克，正面和背面都是羊距骨。

三、仿制希腊银币和希腊金币

罗马共和国仿制希腊银币的时间，早于始铸阿斯青铜铸币的时间。

如今可以确定的是，约在公元前310年到公元前300年，罗马发行了最早的银币。[1]

币100：罗马共和国最早仿制的二德拉克马银币，正面是戴头盔蓄须的马尔斯（战神）；背面是马头像，币文“ROMANO”。

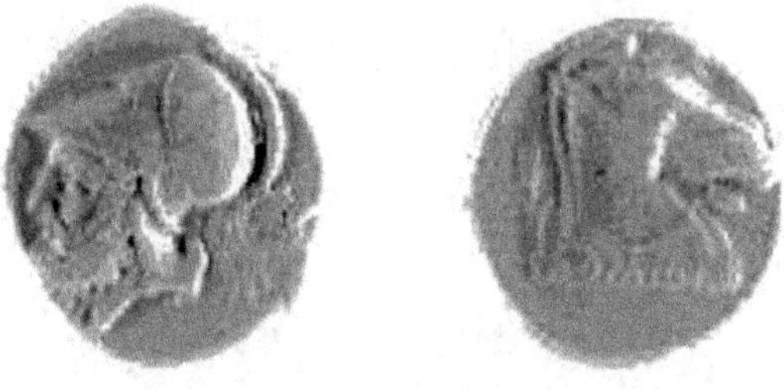

称量货币转向数量货币之际，仿制外来数量货币的现象在中国近代也有出现。1933年，中国实行废两改元之前，在银两货币

〔1〕［英］迈克尔·H. 克劳福德：《罗马共和国货币史》，张林译，法律出版社2019年版，第36页。

制度的称量货币流通下，民间仿制银元，甚至政府机制银元都属于仿制外来数量货币的现象。罗马共和国在制造本土青铜铸币之前，仿制希腊银币的现象，应该是货币发展的规律性现象。

公元前 3 世纪，罗马共和国大量仿制希腊的德拉克马银币和斯塔特金币。

币 101：罗马共和国二德拉克马银币，公元前 264 年至公元前 255 年在罗马造币厂制造，重量 7.21 克，正面是希腊神话中的大力神海格力斯的束头带头像，狮皮绕颈，肩有棍棒；背面是母狼哺婴图，图下币文："ROMANO"（罗马的）。

币 102：罗马共和国二德拉克马银币，公元前 230 年至公元前 226 年在罗马造币厂制造，重量 6.48 克，正面是战神马尔斯戴盔头像，头后有棍棒；背面是一匹大马，上方有棍棒，下方币文："ROMA"（罗马）。

币 103：罗马共和国二德拉克马银币，公元前 225 年至公元

前212年生产，重量6.37克，正面是罗马人的门神雅努斯两面神无须头像；背面是众神之王朱庇特[1]手持权杖和霹雳驾四驾马车朝右行进，身后是维多利亚胜利女神，下方币文：“ROMA”（罗马）。

罗马造币场仿制希腊的斯塔特金币要晚于仿制希腊的德拉克马银币。

币104：罗马共和国半斯塔特金币，公元前225年至公元前212年在罗马造币场生产，重量3.38克，正面是雅努斯两面神束头带无须肖像；背面是战士立誓场景，左方士兵脚踏石块，左手持矛；右方士兵左手持倒立的矛，右手持军用毛氅，双方用右手抚持一怀抱小猪跪坐的随从，线下币文：“ROMA”（罗马）。

这枚半斯塔特金币的打制与上述币103的二德拉克马银币

〔1〕 罗马神话中的朱庇特就是希腊神话中的宙斯。

的打制时间相同，可以进行同期钱币比较。当时规定是1斯塔特金币等于24德拉克马银币，我们根据上述金币和银币的实测重量来计算比较：

3.38克黄金=6×6.37克白银

1克黄金=11.3克白银

币101例中的二德拉克马银币（7.21克）与币103例中的二德拉克马银币（6.37克）相比较，两者打制的时间大约相差40年，后者比前者的重量减少了0.84克，降幅11.7%。这说明，当时的银币也在减重，平均每10年降幅3%。

四、阿斯钱币的信用货币性质

在这个阶段里，银币发生了小幅度的减重。同时，阿斯铜币则发生了大幅度的减重。

> 与此同时，青铜铸币的重量标准也经历了一系列变化。毋庸置疑，战争爆发时1阿斯理论上仍重10盎司，但实际操作中会少于10盎司。起初，重量标准减到原标准的1/2，亦即理论上1阿斯变成6盎司，然后降低至1/3，最后到1/4。考虑到这段时期罗马钱币的整体年表，我认为标准重量减半最合理的时间是公元前217年。[1]

迈克尔·H.克劳福德认为阿斯的标准重量在公元前217年减到6盎司，然后又减到4盎司、3盎司。

---

〔1〕［英］迈克尔·H.克劳福德：《罗马共和国货币史》，张林译，法律出版社2019年版，第67页。

公元前 211 年，或者恰好在此之前，罗马建立起一整套全新的货币体系。该体系基于塞克斯坦标准，即 1 阿斯的重量只有 2 盎司。

自公元前 289 年至公元前 211 年，共计 78 年的时间里，1 阿斯铜币的重量从 12 盎司降到 2 盎司，即从 327 克降至 54.5 克，降幅为 83.3%，平均大约每 10 年降幅超过 10%，明显大于银币的减重幅度。

钱币减重主要有两个原因：一是商品经济的发展，对钱币供应量提出更多的需求，而钱币的供应增量跟不上商品供应的增量，市场自发力量推动了钱币的减重；二是政府需要更多的资金，需要通过虚币敛财的方法从民间收敛钱财，因此实行了钱币减重的政策。

通过对罗马银币减重与罗马铜币减重的比较，我们可以看到，罗马共和国政府对于铜币实行了垄断铸造，并采用大幅度减重的方式收敛钱财，用于战争。所以，阿斯铜币在出现后的大约 78 年里，重量减少了大约 272 克，降低到只有原来的 1/6；而二德拉克马银币在罗马人制造后的大约 40 年里，重量减少了 0.88 克，降低到原来的 88%。两者的变化相差悬殊，说明罗马共和国政府对铜币和银币采取了不同的政策，对铜币实行了垄断铸造，对银币则没有实行垄断铸造。因此，这一阶段的银币不是依靠发行者信用行使货币职能的，而是依靠本身金属价值行使货币职能的，其减重原因应该归结为市场自发力量的结果。

在这段时期里，阿斯铜币与德拉克马银币和斯塔特金币之间的兑换比率是 20 枚阿斯兑换 1 枚二德拉克马；240 枚阿斯兑换 1

枚斯塔特金币。

银币小幅度减重，铜币大幅度减重，在此情形下，银币趋向于实币，金属商品性质得到了保持；铜币趋向于虚币，信用货币性质得到了增强。

公元前336年，中国战国时期的秦惠文王开始铸行半两铜钱。30年后，朝廷铸造的半两铜钱越铸越轻。到了公元前221年，秦始皇统一全国铜钱为半两钱的时候，半两钱的重量已经从最初的12铢减少至8铢左右。

罗马共和国制造阿斯青铜铸币的情形，与中国战国时期秦王朝铸造半两铜钱的情形一样，呈现持续减重的趋势。当时，罗马实行共和国民主制度，秦王朝实行君主独裁制度，在这两种不同的制度之下，为什么他们的货币政策却如此相像？其原因是，两者都是军国主义国家，罗马共和国处于向外侵略扩张阶段，秦王朝也处于对外侵略扩张阶段。罗马共和国与秦王朝一样，都在对外作战，都需要大量的军费。这军费的来源，需要从造币过程中节约用铜来获得。

对金属货币实行大幅度的减重，需要发行者信用的支持，以及法律的强制，其中包括减重货币作为纳税手段的措施支持，减重货币作为市场支付手段的法律保护。有了这些措施支持和法律保护，罗马共和国政府发行的阿斯青铜铸币，在不断减重的过程中，就具有了越来越明显的信用货币性质。

附　录

一、年表

(一)中国年表

1.先秦历史年表

公元前170万年至公元前10万年	原始群落
公元前10万年至公元前1万年	母系氏族公社初期
公元前1万年至公元前3000年	母系氏族公社发展期
公元前3000年至公元前2070年	父系氏族公社出现部落联盟领袖
公元前2070年至公元前1600年	夏朝
公元前1600年至公元前1046年	商朝
公元前1046年至公元前771年	西周
公元前770年至公元前476年	东周春秋
(1)公元前770年至公元前673年	春秋早期
(2)公元前672年至公元前575年	春秋中期
(3)公元前574年至公元前476年	春秋晚期
公元前475年至公元前221年	东周战国
(1)公元前475年至公元前338年	战国早期 变法改革期
(2)公元前337年至公元前284年	战国中期 合纵连横期
(3)公元前283年至公元前221年	战国晚期 秦灭六国期

2. 战国晚期秦国年表

公元前 361 年至公元前 338 年	秦孝公
公元前 337 年至公元前 311 年	秦惠文王
公元前 310 年至公元前 307 年	秦武王
公元前 306 年至公元前 250 年	秦昭襄王
公元前 250 年	秦孝文王
公元前 249 年至公元前 247 年	秦庄襄王
公元前 246 年至公元前 221 年	秦王嬴政

3. 秦朝年表

公元前 221 年至公元前 210 年	秦始皇嬴政
公元前 209 年至公元前 207 年	秦二世胡亥

4. 西汉初期年表

公元前 206 年至公元前 195 年	汉高帝刘邦
公元前 194 年至公元前 188 年	汉惠帝刘盈
公元前 187 年至公元前 180 年	吕太后吕雉
公元前 179 年至公元前 157 年	汉文帝刘恒
公元前 156 年至公元前 141 年	汉景帝刘启
公元前 140 年至公元前 87 年	汉武帝刘彻

(二)吕底亚王国梅尔姆纳得斯王朝年表

公元前 716 年至公元前 678 年	巨吉斯
公元前 678 年至公元前 629 年	阿尔杜斯
公元前 629 年至公元前 617 年	萨杜阿铁斯
公元前 617 年至公元前 560 年	阿律阿铁斯

公元前 560 年至公元前 546 年	克洛伊索斯

（三）古印度年表

公元前 2500 年至公元前 1750 年：

哈拉巴文明时期。

公元前 1500 年至公元前 900 年：

早期吠陀时期。

公元前 900 年至公元前 600 年：

后期吠陀时期。

公元前 600 年至公元前 324 年：

列国时代。公元前 517 年，波斯人入侵印度河流域，印度历史重心转移至恒河流域。

主要王朝年表：

（1）摩揭陀王朝

……

公元前 544 年～公元前 493 年	频婆娑罗
公元前 493 年～公元前 462 年	阿阇世
公元前 462 年～公元前？年	优陀延
公元前？年～公元前 430 年	阿迦达萨克
公元前 413 年[1]～公元前 364 年	西宋纳迦王朝
公元前 364 年～公元前 320 年	难陀王朝

〔1〕 公元前 430 年至公元前 413 年之间的情况尚无考证。

（2）孔雀王朝（公元前324年至公元前187年）

公元前324年～公元前297年	旃陀罗·笈多
公元前297年～公元前272年	宾头沙罗
公元前268年～公元前238年	阿育王
公元前238年～公元前232年	库纳拉
公元前232年～公元前225年	达沙罗陀
公元前225年～公元前207年	桑普腊提
公元前？年～公元前？年	萨里苏卡
公元前？年～公元前？年	提婆达摩
公元前？年～公元前？年	萨塔姆达奴
公元前194年～公元前187年	布里哈陀罗陀

（四）古罗马年表

1. 王政时期：公元前753年至公元前509年

2. 罗马共和国：公元前509年至公元前27年

3. 罗马帝国第一个王朝——尤利亚·克劳狄王朝

名称	在位时间	与前任的关系
屋大维	公元前27年至公元14年	
提比略	公元14年至公元37年	屋大维的继子、女婿
卡里古拉	公元37年至公元41年	提比略的侄孙
克劳狄	公元41年至公元54年	卡里古拉的叔叔
尼禄	公元54年至公元68年	克劳狄的女婿

二、货币史大事记

(一)中国货币史大事记

公元前3000年至公元前2070年:

黄河流通古人进入父系氏族公社,出现部落联盟领袖,古人开始采矿冶铜。

公元前2070年至公元前1600年:

夏朝,青铜称量货币成为商品交换媒介,缺乏统一的称量标准。

公元前1600年至公元前1046年:

商朝,青铜称量货币采用钧、寽单位,作为商品交换媒介,发挥货币职能。出现铜斧、铜块等原始数量货币。

公元前1046年至公元前771年:

西周,青铜称量货币流通逐步繁荣。黄河中游的晋国生产出人类最早的钱币——空首布。

公元前770年至公元前476年

东周春秋,各种布币、铜贝、鲜虞刀陆续产生。

公元前475年至公元前221年

东周战国,出现各种布币、刀币、铜贝、圜钱等青铜数量货币,金银称量货币,珠玉龟贝、银锡之属也作为货币流通。公元前336年,秦惠文王实行国家垄断铸行半两钱。

公元前221年至公元前210年

秦始皇时期,废除各诸侯国各种货币,只留黄金、布和半两钱三种货币流通。

（二）吕底亚王国货币史大事记

公元前 15 世纪：

小亚细亚半岛上，《赫梯法典》出台。赫梯王国的货币基本单位是“玻鲁舍客勒”，即半舍客勒。而两河流域则进入亚述黑暗时代，货币经济衰败。

公元前 12 世纪：

吕底亚王国从赫梯王国中独立出来，继续使用赫梯王国的白银称量货币制度。

公元前 716 年：

巨吉斯建立梅尔姆纳得斯王朝。

公元前 640 年：

巨吉斯的儿子，梅尔姆纳得斯的第二位国王，生产出西方世界最早的钱币——琥珀合金币。

公元前 546 年：

波斯帝国消灭了吕底亚王国，继承了吕底亚王国的钱币生产和钱币制度。

公元前 524 年：

波斯帝国国王大流士发行“大流克”金币。

（三）古希腊货币史大事记

公元前 8 世纪至公元前 6 世纪：

古希腊人在地中海沿岸各处殖民，建立城邦，古希腊文化广泛传播。

公元前6世纪，波斯帝国吞并吕底亚王国及小亚细亚的古希腊城邦，将钱币制度带到伊朗高原和北非埃及。

（四）古印度货币史大事记

公元前2500年至公元前1750年：

哈拉巴文明时期，出现农耕文明，使用铜器，出现城镇，出现称量单位“苏瓦纳”。1苏瓦纳的重量为13.705克。

公元前1500年至公元前900年：

早期吠陀时代。铜器时代，出现阶级分化。

公元前900年至公元前600年：

后期吠陀时代。铁器时代，出现四大种姓。出现重量单位“萨塔马纳”。

公元前600年至公元前324年：

列国时代。出现金属数量货币——钱币。印度河流域诸王国使用的主要的钱币，是由称量货币发展而产生的萨塔马纳；恒河流域诸王国使用的主要的钱币，是由苏瓦纳称量货币发展而产生的卡夏帕那。

（五）古罗马货币史大事记

年代	主要事件
公元前753年	始建罗马城
公元前753年至公元前509年	王政时代，意大利当地居民使用青铜称量货币，重量单位是阿斯
公元前509年至公元前289年 青铜称量货币阶段	意大利半岛上的希腊人使用德拉克马银币，埃特鲁里亚人使用努米银币，罗马人仍旧使用青铜称量货币，重量单位是阿斯

续表

年代	主要事件
公元前289年至公元前211年 青铜数量货币——铸币阶段	罗马共和国始铸青铜铸币。国家垄断铜币的发行。在此期间，1枚阿斯铜币的重量从初期的327克降至末期的54.5克
公元前211年至公元前82年 打制金属货币阶段	公元前211年，罗马共和国建立狄纳里银币制度，1罗马磅白银打制72枚狄纳里银币。铜币和银币二币并行，都采用打制方式。国家继续垄断铜币的发行。在此期间，1枚阿斯铜币的重量从初期的54.5克降至末期的11克左右。在此期间，出现打制金币，单位是奥里斯
公元前82年至公元前27年 将帅时代	出现打制金币，单位是奥里斯，1罗马磅黄金打制30枚奥里斯金币
公元前60年至公元前44年 前三头同盟时期	奥里斯金币和狄纳里银币都发生了减重。奥里斯金币从1罗马磅黄金打制30枚降至打制40枚；狄纳里银币从1罗马磅白银打制72枚降至打制84枚。公元前44年，凯撒将自己的肖像刻印在货币上，当年被刺身亡
公元前43年至公元前27年 后三头同盟时期	安东尼、屋大维相继将自己的肖像刻印在货币上
公元前31年	屋大维在亚克兴海战中获胜，成为罗马唯一的独裁者，为了遣散军队而大量发行货币
公元前27年	屋大维建立尤利亚·克劳狄王朝
公元前19年	屋大维当选为终身执政官，开始统一货币的发行。此后，罗马世界各地的货币，逐步被罗马货币所替代

三、专业词汇表

(一)中国货币专业词汇

1. 先秦度制

春秋战国时期,1升折合现代200毫升。10升为1斗,100升为1斛。

2. 先秦量制

春秋战国时期,1尺折合现代23.1厘米。1尺为10寸,10尺为1丈。

3. 先秦衡制

春秋战国时期,1斤折合现代253克。

单位	折合现代(克)	备注
石(起自夏)	30360	4钧,120斤
钧(起自夏)	7590	24益,72寽,30斤
寽(起自商)	105.42	1/3益
益(起自周)	316.25	20两
斤(起自周)	253	16两
两(起自周)	15.8125	24铢
铢(起自周)	0.65885	

4. 战国时期，各主要诸侯国益的重量

诸侯国	益的重量（折合克）	备注
楚国	250.00	楚益为 16 两
魏国	315.83	魏益为 20 两
齐国	369.65	齐益为 24 两
卫国	373.91	卫益为 24 两

注：楚、魏、齐、卫国有出土铭文器物证据，秦国尚无出土证据。推定秦国 1 益等于 24 两，秦国益折合现代 379.50 克。

5. 魏国货币单位釿：

1 益等于 3 寽或 12 釿

魏国 1 益：315.83 克；魏国 1 寽：105.28 克；魏国 1 釿：26.32 克

6. 齐国货币单位化：

1 益等于 8 化或 96 償

齐国 1 益：369.65 克；齐国 1 化：46.21 克

7. 楚国货币单位贝：

1 益等于 16 两或 32 贝

楚国 1 益：250.00 克；楚国 1 两：15.625 克

楚国 1 贝：7.81 克

8. 秦国货币单位半两：

秦国 1 益：24 两，379.50 克；

秦国 1 斤：253.00 克；秦国 1 两：15.8125 克；

秦国 1 铢：0.6589 克；

秦国半两：7.91 克

(二)外国货币专业词汇

名称	外文	折合现代量
他连得	TALENT	30000 克
弥那	MINA	500 克
舍客勒	SHEKEL	8.33 克
乌得图	UTTETU	0.14 克
色	SE	0.0463 克
古尔	GUR	121 公升,盛大麦 168 公斤
帕尔希克图	PARSIKTU	24.2 公升,盛大麦 33.6 公斤
苏图	SUTU	4 公升,盛大麦 5.6 公斤
卡、西拉	QU	0.4 公升,盛大麦 560 克
布尔	BURU	64800 平方米
伊库	IKU	3600 平方米
斯塔特	STATER	14 克。吕底亚标准钱币
大流克	DARIC	8.33 克。波斯金币
西格罗斯	SIGLOS	波斯银币。意思是舍客勒
德拉克马	DRACHMA	4.37 克。2 德拉克马等于 1 斯塔特。1 德拉克马银币等于 10 阿斯铜币。24 德拉克马银币等于 1 斯塔特金币
奥波	OBIL	0.728 克。1 德拉克马等于 6 奥波
柯查	CHALKOUS	2 克左右,1 奥波等于 8 柯查
努米	NUMMI	埃特鲁里亚银币
努姆斯	NUMMUS	努米的复数形式
粗铜币	AES RUDEA	青铜块,称量货币
印记铜币	AES SIGNATUS	有印记的青铜块,称量货币
重铜币	AES GRAVE	有标准形制的青铜铸币,属于钱币
阿斯	AS	罗马铜币基本单位

续表

名称	外文	折合现代量
都蓬第	DUPONDIUS	2 阿斯等于 1 都蓬第
塞斯特提	SESTERTIUS	2.5 阿斯等于 1 塞斯特提
塞米斯	SEMIS	1 阿斯等于 2 塞米斯
屈莱恩	TRIENS	1 阿斯等于 3 屈莱恩
夸德伦	QUADRANS	1 阿斯等于 4 夸德伦
塞克斯坦	SEXTANS	1 阿斯等于 6 塞克斯坦
盎司	UNCIA	1 阿斯等于 12 盎司
狄纳里	DENARIUS	1 狄纳里等于 10 阿斯
奥里斯	AUREUS	1 奥里斯等于 25 狄纳里
班加	BEQU	12.5 克，256 颗麦粒的重量
得本	DEBEN	90 克
萨塔马纳	SATAMANA	11 克，等于 100 马纳
马纳	MANA	0.11 克
沙那	SHANA	1.375 克，等于 12.5 马纳
拉蒂	RATTI	0.107 克
马夏卡	MASHAKA	0.214 克，等于 2 拉蒂
马沙	MASHA	0.857 克，等于 8 拉蒂
达哈拉	DHARANA	3.425 克，等于 32 拉蒂
苏瓦纳	SUVARNA	13.705 克，等于 128 拉蒂

四、参考文献

（一）文献资料

[1]（汉）司马迁：《史记》，中华书局1959年版。

[2]（东汉）班固：《汉书》，中华书局1962年版。

[3]（唐）李林甫等：《唐六典》，中华书局1992年版。

[4]汤可敬撰：《说文解字今释》，岳麓书社1997年版。

[5]韩路主编：《四书五经》，沈阳出版社1996年版。

[6]（古罗马）李维：《自建城以来》，王焕生译，中国政法大学出版社2009年版。

[7]（古罗马）苏维托尼乌斯：《罗马十二帝王传》，张竹明、王乃新、蒋平等译，商务印书馆1995年版。

[8]（古希腊）希罗多德：《希波战争史》，一部关于古希腊城邦及波斯帝国历史的"百科全书"（缩译彩图本），吴玉芬、易洪波编译，重庆出版社2007年版。

[9]（古希腊）希罗多德：《历史》，周永强译，陕西师范大学出版社2008年版。

[10]睡虎地秦墓竹简整理小组：《睡虎地秦墓竹简》，文物出版社1978年版。

[11]林志纯主编：《世界通史资料选辑》，商务印书馆1962年版。

[12]江平主编、"世界著名法典汉译丛书"编委会编：《十二铜表法》，法律出版社2000年版。

(二)今人著作

[13]李铁生编著:《古希腊币》,北京出版社2013年版。

[14]李铁生编著:《古罗马币》,北京出版社2013年版。

[15]李铁生编著:《古波斯币》,北京出版社2006年版。

[16]李铁生编著:《古中亚币》,北京出版社2008年版。

[17]李铁生编著:《印度币》,北京出版社2011年版。

[18]王昭迈:《东周货币史》,河北科学技术出版社2011年版。

[19]昭明、马利清编著:《古代货币》,中国书店1999年版。

[20]王毓铨:《中国古代货币的起源和发展》,中国社会科学出版社1990年版。

[21]黄锡全:《先秦货币通论》,紫禁城出版社2001年版。

[22]王国维:《观堂集林》,中华书局1959年版。

[23]丘光明、邱隆、杨平:《中国科学技术史(度量衡卷)》,科学出版社2001年版。

[24]于卫青:《波斯帝国》,中国国际广播出版社2014年版。

[25]石俊志:《货币的起源》,法律出版社2020年版。

[26]石俊志:《尤利亚·克劳狄王朝货币简史》,中国金融出版社2020年版。

[27]石俊志:《世界古国货币漫谈》,经济管理出版社2020年版。

[28]石俊志:《中国货币的起源》,法律出版社2020年版。

[29]石俊志:《中国货币法制史概论》,中国金融出版社2012年版。

[30][英]伊恩·卡拉代斯:《古希腊货币史》,黄希韦译,法律出版社2017年版。

[31][英]迈克尔·H.克劳福德:《罗马共和国货币史》,张林译,法律出版社2019年版。

[32][印]P.L.笈多:《印度货币史》,石俊志译,法律出版社2018年版。

[33][俄]科瓦略夫:《古代罗马史》,王以铸译,生活·读书·新知三联书店1957年版。

[34][法]让·里瓦尔:《货币史》,任婉筠、任驰译,商务印书馆2001年版。

[35][英]洛德·埃夫伯里:《世界钱币简史》,刘森译,中国金融出版社1991年版。

[36]河南省文物研究所等编:《淅川下寺春秋楚墓》,文物出版社1991年版。

[37]中国社会科学院考古研究所编著:《辉县发掘报告》,科学出版社1956年版。

(三)今人论文

[38]孙敬明:《齐鲁货币文化比较研究》,载《中国钱币》1998年第2期。

[39]朱活:《论秦始皇统一货币》,载《文物》1974年第8期。

[40]马得志、周永珍、孙云鹏:《一九五三年安阳大司空村发掘报告》,载《考古学报》1955年第9期。

[41]杨宝成、杨锡章:《1969~1977年殷墟西区墓葬发掘报告》,载《考古学报》1979年第1期。

[42]吴振录:《保德县的商代青铜器》,载《文物》1972年第4期。

[43]陈曦:《对西周铜器〈师旂鼎〉铭文中几个问题的讨论》,载《中国语言学报》2008年第13期。

[44]罗西章:《黄堆老堡西周墓葬出土货币的初步研究》,载《中国钱币论文集》第3辑。

[45]河南省文化局文物工作第一队:《郑州商代遗址的发掘》,载《考古学报》1957年第1期。

[46]陈德安、陈显丹:《广汉三星堆遗址一号祭祀坑发掘简报》,载《文物》1987年第10期。

[47]《广汉三星堆遗址二号祭祀坑发掘简报》,载《文物》1989年第5期。

[48]淳化县文化馆:《陕西淳化史家塬出土西周大鼎》,载《考古与文物》1980年第2期。

[49]固原县文物工作站:《宁夏固原西周墓清理简报》,载《考古》1983年第11期。

[50]山西省考古研究所:《山西省潞城县潞河战国墓》,载《文物》1986年第6期。

[51]山西省考古研究所:《山西侯马上马村晋墓发掘简报》,载《文物》1989年第6期。

[52]山西省文物管理委员会侯马工作站:《山西侯马上马村东周墓葬》,载《考古》1963年第5期。

[53]中国社会科学院考古研究所二里头工作队:《郾师二里头遗址新发现的铜器和玉器》,载《考古》1976年第4期。

[54]中国社会科学院考古研究所二里头工作队:《1984年秋河南郾师二里头遗址发现的几座墓葬》,载《考古》1986年第4期。

[55]中国社会科学院考古研究所安阳工作队:《安阳殷墟五号墓的发掘》,载《考古学报》1977年第2期。

五、石俊志货币史著述及主编译丛书目

(一)石俊志货币史著作书目

1.《半两钱制度研究》,中国金融出版社2009年版。

2.《五铢钱制度研究》,中国金融出版社2011年版。

3.《中国货币法制史概论》,中国金融出版社2012年版。

4.《中国货币法制史话》,中国金融出版社2014年版。

5.《中国铜钱法制史纲要》,中国金融出版社2015年版。

6.《夺富于民——中国历史上的八大聚敛之臣》,中信出版集团2017年版。

7.《中国古代货币法二十讲》,法律出版社2018年版。

8.《中国货币的起源》,法律出版社2020年版。

9.《尤利亚·克劳狄王朝货币简史》,中国金融出版社2020年版。

10.《货币的起源》,法律出版社2020年版。

11.《世界古国货币漫谈》，经济管理出版社2020年版。

(二)石俊志货币史论文发表

1.《秦始皇与半两钱》，载《中国金币》2013年第4期，总30期。

2.《刘邦与榆荚钱》，载《中国金币》2013年第5期，总31期。

3.《吕后和“钱律”》，载《中国金币》2013年第6期，总32期。

4.《曹操恢复五铢钱》，载《中国金币》2014年第2期，总34期。

5.《唐高祖始铸开元通宝》，载《当代金融家》2014年第4期。

6.《褚遂良与捉钱令史》，载《当代金融家》2014年第5期。

7.《唐高宗治理恶钱流通》，载《当代金融家》2014年第6期。

8.《第五琦与虚钱》，载《当代金融家》2014年第7期。

9.《杨炎与钱荒》，载《当代金融家》2014年第8期。

10.《王安石废除钱禁》，载《当代金融家》2014年第9期。

11.《蔡京铸行当十钱》，载《当代金融家》2014年第10期。

12.《唐僖宗整顿钱币保管业》，载《当代金融家》2014年第11期。

13.《宋徽宗改交子为钱引》，载《当代金融家》2014年第12期。

14.《张浚与四川钱引》,载《当代金融家》2015 年第 1 期。

15.《忽必烈发行宝钞》,载《当代金融家》2015 年第 2 期。

16.《脱脱与钱钞兼行》,载《当代金融家》2015 年第 3 期。

17.《张汤与五铢钱》,载《当代金融家》2015 年第 4 期。

18.《颜异反对发行白鹿皮币》,载《当代金融家》2015 年第 5 期。

19.《王莽的货币改制》,载《当代金融家》2015 年第 6 期。

20.《董卓败坏五铢钱》,载《当代金融家》2015 年第 7 期。

21.《刘备与虚币大钱》,载《当代金融家》2015 年第 8 期。

22.《刘义恭与四铢钱》,载《当代金融家》2015 年第 9 期。

23.《中国古代八大敛臣·杨炎(上)》,载《当代金融家》2015 年第 10 期。

24.《中国古代八大敛臣·杨炎(下)》,载《当代金融家》2015 年第 11 期。

25.《中国古代八大敛臣·张汤(上)》,载《当代金融家》2015 年第 12 期。

26.《中国古代八大敛臣·张汤(下)》,载《当代金融家》2016 年第 1 期。

27.《中国古代八大敛臣·第五琦(上)》,载《当代金融家》2016 年第 2 期、第 3 期。

28.《中国古代八大敛臣·第五琦(下)》,载《当代金融家》2016 年第 4 期。

29.《中国古代八大敛臣·阿合马(上)》,载《当代金融家》2016 年第 5 期。

30.《中国古代八大敛臣·阿合马(下)》,载《当代金融家》2016年第6期。

31.《中国古代八大敛臣·刘晏(上)》,载《当代金融家》2016年第7期。

32.《中国古代八大敛臣·刘晏(下)》,载《当代金融家》2016年第8期。

33.《中国古代八大敛臣·贾似道(上)》,载《当代金融家》2016年第9期。

34.《中国古代八大敛臣·贾似道(下)》,载《当代金融家》2016年第10期。

35.《中国古代八大敛臣·蔡京(上)》,载《当代金融家》2016年第11期。

36.《中国古代八大敛臣·蔡京(下)》,载《当代金融家》2016年第12期。

37.《中国古代八大敛臣·脱脱(上)》,载《当代金融家》2017年第1期。

38.《中国古代八大敛臣·脱脱(下)》,载《当代金融家》2017年第2期。

39.《百姓市用钱,美恶杂之,勿敢异》,载《当代金融家》2017年第3期。

40.《布恶,其广袤不如式者,不行》,载《当代金融家》2017年第4期。

41.《黄金以溢名,为上币》,载《当代金融家》2017年第5期。

42.《盗铸钱与佐者，弃市》，载《当代金融家》2017年第6期。

43.《故毁销行钱以为铜、它物者，坐臧为盗》，载《当代金融家》2017年第7期。

44.《敢择不取行钱、金者，罚金四两》，载《当代金融家》2017年第8期。

45.《各以其二千石官治所县金平贾予钱》，载《当代金融家》2017年第9期。

46.《禁天下铸铜器》，载《当代金融家》2017年第10期。

47.《私贮见钱，并不得过五千贯》，载《当代金融家》2017年第11期。

48.《禁铜钱无出化外》，载《当代金融家》2017年第12期。

49.《私有铜、鍮石等，在法自许人告》，载《当代金融家》2018年第1期。

50.《贯钞兼行，无他物以相杂》，载《当代金融家》2018年第2期、第3期。

51.《金银之属谓之宝，钱帛之属谓之货》，载《当代金融家》2018年第4期。

52.《西汉赐予悉用黄金，而近代为难得之货》，载《当代金融家》2018年第5期。

53.《兵丁之领钞者难于易钱市物》，载《当代金融家》2018年第6期。

54.《取息过律，会赦，免》，载《当代金融家》2018年第7期。

55.《百姓有责，勿敢擅强质》，载《当代金融家》2018 年第 8 期。

56.《制钱者，国朝钱也》，载《当代金融家》2018 年第 9 期。

57.《驰用银之禁》，载《当代金融家》2018 年第 10 期。

58.《思划一币制，与东西洋各国相抗衡》，载《当代金融家》2018 年第 11 期。

59.《由是钱有虚实之名》，载《当代金融家》2018 年第 12 期。

60.《罢五铢钱，使百姓以谷帛为市》，载《当代金融家》2019 年第 1 期。

61.《复置公廨本钱，以诸司令史主之》，载《当代金融家》2019 年第 2 期、第 3 期。

62.《大钱当两，以防剪凿》，载《当代金融家》2019 年第 4 期。

63.《哈斯蒙尼王朝的普鲁塔》，载《当代金融家》2019 年第 5 期。

64.《波斯帝国的重量制度》，载《当代金融家》2019 年第 6 期。

65.《乌尔第三王朝的白银货币》，载《当代金融家》2019 年第 7 期。

66.《古巴比伦王国的乌得图》，载《当代金融家》2019 年第 8 期。

67.《埃什嫩那王国的大麦货币》，载《当代金融家》2019 年第 9 期。

68.《赫梯法典中的玻鲁舍客勒》,载《当代金融家》2019年第10期。

69.《古代亚述的黑铅货币》,载《当代金融家》2019年第11期。

70.《吕底亚王国的琥珀金币》,载《当代金融家》2019年第12期。

71.《克里特岛上的斯塔特银币》,载《当代金融家》2020年第1期。

72.《尼禄的货币改制》,载《当代金融家》2020年第2期、第3期。

73.《罗马元老院批准制造的铜币》,载《当代金融家》2020年第4期。

74.《安东尼发行的蛇篮币》,载《当代金融家》2020年第5期。

75.《帕提亚王国的希腊化钱币》,载《当代金融家》2020年第6期。

76.《塞琉古王国银币的减重》,载《当代金融家》2020年第7期。

77.《古希腊的德拉克马银币》,载《当代金融家》2020年第8期。

78.《提比略钱币上的戳记》,载《当代金融家》2020年第9期。

79.《凯撒时代的货币状况》,载《当代金融家》2020年第10期。

80.《古埃及的重量单位和钱币流通》，载《当代金融家》2020年第11期。

81.《古印度的重量制度和早期钱币》，载《当代金融家》2020年第12期。

82.《卡拉卡拉发行的安敦尼币》，载《金融博览》2020年第12期。

83.《叙拉古城邦发行的各类钱币》，载《当代金融家》2021年第1期。

84.《戴克里先的货币改革》，载《金融博览》2021年第1期。

85.《华夏民族最早的钱币空首布》，载《当代金融家》2021年第2期。

86.《君士坦丁发行的索利多金币》，载《金融博览》2021年第2期。

87.《白狄民族发明的鲜虞刀》，载《当代金融家》2021年第3期。

88.《君士坦丁二世发行的合金铜币》，载《金融博览》2021年第3期。

89.《南蛮楚国铸行的铜贝》，载《当代金融家》2021年第4期。

90.《钱币法令与提洛同盟的瓦解》，载《金融博览》2021年第4期。

91.《西戎秦国创造的半两钱》，载《当代金融家》2021年第5期。

92.《克洛伊索斯的金银分离术》，载《金融博览》2021年第

5 期。

93.《百姓依法织造的麻布货币》，载《当代金融家》2021 年第 6 期。

94.《牧人摩塞雇佣女奴支付的银环》，载《金融博览》2021 年第 6 期。

95.《大禹的“石”与俾拉拉马的“帕尔希克图”》，载《当代金融家》2021 年第 7 期。

96.《那失维的遗产养老信托文书》，载《金融博览》2021 年第 7 期。

（三）石俊志主编《外国货币史译丛》书目

1.［英］伊恩·卡拉代斯：《古希腊货币史》，黄希韦译，法律出版社 2017 年版。

2.［印］帕尔梅什瓦里·拉尔·笈多：《印度货币史》，石俊志译，法律出版社 2018 年版。

3.［斯里兰卡］P. 普什巴哈特纳姆：《斯里兰卡泰米尔人货币史》，张生、付瑶译，法律出版社 2018 年版。

4.［英］R.A.G. 卡森：《罗马帝国货币史》，田圆译，法律出版社 2018 年版。

5.［丹］艾瑞克·克里斯蒂安森：《罗马统治时期埃及货币史》，汤素娜译，法律出版社 2018 年版。

6.［英］菲利普·格里尔森：《拜占庭货币史》，武宝成译，法律出版社 2018 年版。

7.［英］迈克尔·H. 克劳福德：《罗马共和国货币史》，张林译，法律出版社 2019 年版。

8.[俄]B. 杜利耶夫:《俄罗斯货币史》，丛凤玲译，法律出版社 2019 年版。

9.[美]鲁迪·马特、威廉·富勒、帕特里克·克劳森:《伊朗货币史》，武宝成译，法律出版社 2019 年版。

10.[英]德里克·冯·艾伦:《古凯尔特人货币史》，张玲玉译，法律出版社 2020 年版。

11.[英]大卫·赛尔伍德:《帕提亚货币史》，武宝成译，法律出版社 2020 年版。

12.[美]阿尔伯特·普拉迪奥:《墨西哥货币史》，康以同译，法律出版社 2020 年版。

13.[韩]韩国银行:《韩国货币史》，李思萌、马达译，金融出版社 2018 年版。

14.[英]大卫·赛尔伍德、飞利浦·惠廷、理查德·威廉姆斯:《萨珊王朝货币史》，付瑶译，金融出版社 2019 年版。

15.[意]米歇勒·弗拉迪阿尼、弗兰克·斯宾里尼:《意大利货币史》，康以同译，金融出版社 2019 年版。

16.[英]A.W. 汉兹牧师:《希腊统治时期南意大利货币史》，黄希韦译，金融出版社 2019 年版。

17.[以]雅可夫·梅塞尔:《古犹太货币史》，张红地译，金融出版社 2019 年版。

18.[西]奥克塔维奥·吉尔·法雷斯:《西班牙货币史》，宋海译，金融出版社 2019 年版。

19.[印]帕尔梅什瓦里·拉尔·笈多、[印]萨罗吉尼·库拉什雷什塔:《贵霜王朝货币史》,张子扬译,张雪峰校,金融出版社2020年版。

20.[土]瑟夫科特帕慕克:《奥斯曼帝国货币史》,张红地译,金融出版社2021年版。

(四)石俊志主编“外国信托法经典译丛”书目

1.[英]劳伦斯:《遗嘱、信托与继承法的社会史》,沈朝晖译,法律出版社2017年版。

2.[英]《历史的经典与现代的典范》,葛伟军等译,法律出版社2017年版。

3.[英]爱德华·哈尔巴赫:《吉尔伯特信托法》,张雪楳译,法律出版社2017年版。

4.[日]樋口范雄:《信托与信托法 》,朱大明译,法律出版社2017年版。

5.[英]大卫·约翰斯顿:《罗马法中的信托法》,张淞纶译,法律出版社2017年版。

6.[英]格雷厄姆·弗戈:《衡平法与信托的原理》,葛伟军译,法律出版社2018年版。

7.[英]西蒙·加德纳:《信托法导论》,付然译,法律出版社2018年版。

8.[英]伊恩·斯特里特:《衡平法与信托法精义》,李晓龙译,法律出版社2018年版。

9.[英]查尔斯·米契尔:《推定信托与归复信托》,张淞纶译,法律出版社2018年版。

10.［日］商事信托研究会编著:《日本商事信托立法研究》,朱大明译,法律出版社2019年版。

11.［英］威廉·斯威林主编:《特殊目的信托》,季奎明译,法律出版社2019年版。

12.［英］莎拉·威尔逊:《托德与威尔逊信托法》,孙林、田磊译,法律出版社2020年版。

13.［英］菲利普·佩蒂特:《佩蒂特衡平法与信托法》,石俊志译,法律出版社2020年版。

14.［英］阿拉斯泰尔:《衡平法与信托的重大争论》,沈朝晖译,法律出版社2020年版。

15.［英］保罗·戴维斯主编:《衡平法、信托与商业》,葛伟军译,法律出版社2020年版。

16.［英］吉尔伯特:《加勒比国家的离岸信托》,朱宝明译,法律出版社2020年版。

17.［英］马克·哈伯德、约翰·尼迪诺:《信托保护人》,彭晓娟译,法律出版社2021年版。